Die

Kreisabgaben

im Geltungsbereiche

der

Kreisordnung vom 13. Dezember 1872.

Die

Kreisabgaben

im Geltungsbereiche

der

Kreisordnung vom 13. Dezember 1872.

Von

R. Friedrichs,
Oberverwaltungsgerichtsrath.

Berlin und Leipzig.
Verlag von J. Guttentag.
(D. Collin.)
1882.

Vorwort.

Die günstige Aufnahme, welche den Erläuterungen zum Baufluchtengesetze vom 2. Juli 1875 zu Theil geworden ist, hat den Verfasser ermuthigt, seinem ursprünglichen Plane gemäß sich nunmehr einem anderweiten Gebiete zuzuwenden und auch hier die Aussprüche des Oberverwaltungsgericht in einer für die unmittelbare Anwendung bequemen Form zusammenzustellen. Dabei ist die Wahl zunächst auf die sich an die Kreisabgabenpflicht knüpfenden Fragen gefallen, weil das Oberverwaltungsgericht damit fortwährend in erheblichem Umfange beschäftigt wird und neben den Kreisausschüssen zahlreiche Privatpersonen, Korporationen und Gesellschaften ein Interesse haben, über die von dem höchsten Gerichtshofe angenommenen, aus dem Gesetze selbst häufig nicht ohne Weiteres abzuleitenden Grundsätze genauer unterrichtet zu sein. Zwar ist der Inhalt der gedruckten Entscheidungen in dem mit Recht allgemein verbreiteten Werke: „Die neuen Preußischen Verwaltungsgesetze" von M. von Brauchitsch — in den Anmerkungen zu den betreffenden Paragraphen der Kreisordnung — kurz wiedergegeben; allein schon ein flüchtiger Blick in die nachfolgende

Abhandlung dürfte lehren, daß jene Fingerzeige, so sorgfältig sie auch gearbeitet sind, doch keineswegs genügen, um überall eine sichere Grundlage für die Beurtheilung der vielfachen, bei dem Kreisabgabenwesen hervortretenden Streitpunkte zu gewinnen. Die Kürze der bezüglichen Gesetzesbestimmungen und die Reichhaltigkeit des vorhandenen Materials machen es überhaupt nicht wohl thunlich den Gegenstand in der Gestalt eines Kommentars, wie sie auch dem kleinen Werke über das Baufluchtengesetz gegeben ist, erschöpfend und doch übersichtlich zu behandeln. Der Verfasser hat sich deshalb entschlossen, eine systematische Bearbeitung eintreten zu lassen. Das vorausgeschickte genaue Inhaltsverzeichniß und das am Schlusse beigefügte Register werden es erleichtern, sich darin zurechtzufinden. In dem Anhange sind die betreffenden Paragraphen der Kreisordnung mit den darin angezogenen Gesetzesstellen abgedruckt, damit sie der geneigte Leser bei Benutzung des Buches in ihrem Zusammenhange vor Augen habe.

Inhaltsverzeichniß.

Abkürzungen.

K. O. = Kreisordnung.
A. H. = Abgeordnetenhaus.
H. H. = Herrenhaus.
M. Erl. = Ministerialerlaß.
M. Bl. = Ministerialblatt für die innere Verwaltung.
O. V. G. = Oberverwaltungsgericht.
E. = Entscheidung dieses Gerichts; die römischen Zahlen bezeichnen den Band, die arabischen die Seite der gedruckten Entscheidungen; bei den ungedruckten ist der Name des betr. Kreises bez. die beklagte Behörde angegeben.

Einleitung.

Die K.O. hat, auch abgesehen von den gesetzgeberischen Verhandlungen älterer Zeit, eine umfangreiche Vorgeschichte. Der auf Grund Allerhöchster Ermächtigung vom 27. September 1869 vorgelegte I. Entwurf[1]) gelangte nur theilweise zu einer Berathung (Vorberathung) im A. H. und blieb demnächst bei Schluß der Session unerledigt liegen. Wesentlich umgearbeitet, wurde er in Gemäßheit des Allerhöchsten Erlasses vom 20. Dezember 1871 beim A. H. wieder eingebracht[2]) und hier einer Kommission überwiesen, welche indeß nur mündlichen Bericht erstattete. Das A. H. berieth sodann den Entwurf in einer Reihe von Sitzungen durch und nahm ihn zuletzt mit sehr bedeutender Mehrheit an. Er gelangte nunmehr an das H. H., welches in Uebereinstimmung mit dem von seiner Kommission erstatteten ausführlichen Berichte im Einzelnen eine große Zahl von mehr oder minder wichtigen Veränderungen vornahm, bei der Schlußabstimmung aber das ganze Gesetz ablehnte. In Folge dessen ward der Landtag geschlossen und nach kurzer Zeit, während welcher

---

[1]) Nr. 4 der Drucksachen des A. H. 10. Legisl. Per. III. Sess. 1869/70.

[2]) Nr. 89 der Drucksachen des A. H. 11. Legisl. Per. II. Sess. 1871/2.

25 neue Berufungen in das H. H. aus Allerhöchstem Vertrauen stattfanden, zu einer neuen Session einberufen. Am 16. November 1872 legte der Minister des Innern dem A. H. den III. Entwurf[1]) — ohne Motive — vor; dieser wurde darauf nach kurzer Berathung von beiden Häusern des Landtages unverändert angenommen und am 13. Dezember 1872 als Gesetz verkündet.

Nachdem die K. O. inzwischen durch die fortschreitende Gesetzgebung sehr erhebliche Umgestaltungen erfahren hatte und in einzelnen Abschnitten ganz aufgehoben war, hielt es die Staatsregierung bei der von ihr beabsichtigten Durchführung der neuen Organisation der allgemeinen Landesverwaltung in der gesammten Monarchie für angezeigt, auch die K. O. wieder als ein übersichtliches, in sich geschlossenes Ganze herzustellen. Dazu sollte ein in der Session 1879/80 eingebrachter Entwurf dienen; er kam damals aber nicht zur Berathung und wurde deshalb in der folgenden Session von Neuem vorgelegt[2]). Hieraus ist dann die Novelle vom 19. März 1881 hervorgegangen.

Die in der K. O. zum Gesetz erhobenen Bestimmungen über die Kreisbesteuerung finden sich ihren Hauptgrundzügen nach bereits in dem I. Entwurfe. Im Laufe der Verhandlungen sind freilich recht wesentliche Aenderungen vorgeschlagen — die Staatsregierung verließ sogar selbst in einer Frage von großer Tragweite den zuerst eingenommenen Standpunkt —; die lebhaften Kämpfe hierüber haben indeß zuletzt doch blos dahin geführt, daß es im Großen und Ganzen bei

[1]) Nr. 14 der Drucksachen des A. H. 11. Legisl. Per. III. Sess. 1872/3.

[2]) Nr. 9 der Drucksachen des A. H. 14. Legisl. Per. II. Sess. 1880/1.

den Prinzipien, wie sie ursprünglich von der Staatsregierung aufgestellt waren, geblieben ist und dieselben nur in einzelnen Punkten weiter ausgebaut sind.

Zunächst wurde der Grundsatz, daß die Kreisabgaben nur in Form von Zuschlägen zu den direkten Staatssteuern zu erheben seien, in allen Beschlüssen der gesetzgebenden Faktoren gebilligt; das A. H. wollte ihn zwar bei der Berathung des II. Entwurfs nur einstweilen — bis zum Erlaß eines allgemeinen Gesetzes über kommunale Besteuerung — gelten lassen; dieser an sich nicht gerade sehr werthvolle Vorbehalt ist indeß später wieder aufgegeben. Ein Versuch des H. H., den Kreisangehörigen die Verpflichtung zu Naturalleistungen neben den baaren Beiträgen aufzuerlegen, scheiterte an dem Widerstande der Staatsregierung. — Auch darüber herrschte in beiden Häusern des Landtags bei der Mehrheit Einverständniß, daß den Kreistagen die nähere Bestimmung des Maßes, in welchem die einzelnen Staatssteuern mit Zuschlägen zu belasten seien, nicht völlig unbeschränkt überlassen werden dürfe, und die Grenzen, welche der I. Entwurf hierfür zog, sind trotz der anfänglich weit auseinandergehenden Ansichten fast ganz unverändert geblieben. Es handelte sich dabei vorwiegend einmal um das Verhältniß, in welchem die Grund- und Gebäudesteuer zu der Klassen- und klassifizirten Einkommensteuer stehen sollte, und ferner um die Art und Weise, wie die Heranziehung der Gewerbesteuer erfolgen sollte. In ersterer Beziehung faßte allerdings das H. H. bei Berathung des II. Entwurfs einen Beschluß, welcher den Kreistagen die in dem Regierungsvorschlage gewährte freie Bewegung ganz entzog und das Verhältniß zwischen den genannten Steuern auf einen festen Prozentsatz normirte; der III. Entwurf hielt aber an den früher aufgestellten und vom A. H. angenommenen Bestimmungen fest, sodaß dieselben in das Gesetz übergingen. Hinsichtlich der Gewerbesteuer wurde dagegen eine Modifikation durch das A. H. herbeigeführt; bei den Verhandlungen über den II. Entwurf stellte man die von dem Gewerbebetriebe auf dem platten Lande aufkommende Gewerbesteuer der Klasse A. I. in eine Linie mit der Grund- und Gebäudesteuer; diese Behandlung wollte das H. H. der gesammten Gewerbesteuer der Klasse A. I. angedeihen lassen; allein die Staatsregierung trat in dem III. Entwurfe dem A. H. bei, dessen Beschluß dadurch Gesetzeskraft erlangte. Die übrigen, hier noch in Betracht kommenden Bestimmungen, wodurch den Kreistagen eine Freilassung oder geringere Belastung der untersten Stufen der Klassensteuer anheimgestellt wurde, fanden überhaupt keine Anfechtung und sind erst neuerdings nach Maßgabe der inzwischen veränderten Gesetzgebung durch die Novelle vom 19. März 1881 umgestaltet worden; aus gleichem Grunde wurden bei dieser Gelegenheit auch die in der K. O. enthaltenen besonderen Vorschriften hinsichtlich der mahl- und schlachtsteuerpflichtigen Städte beseitigt.

Der I. Entwurf kannte neben dem allgemeinen, für sämmtliche Kreisabgaben geltenden Maßstabe, welcher ein für alle Mal festgestellt werden sollte, nur noch eine Mehr- oder Minderbelastung einzelner Kreistheile bez. der Städte bei besonderen, nicht dem ganzen Kreise zu Gute kommenden Kreiseinrichtungen, behielt aber einen früher mit Königlicher Genehmigung zu bestimmten Zwecken beschlossenen abweichenden Maßstab so lange bei, bis der Kreistag auch hierfür den Uebergang zu dem allgemeinen Maßstabe beschließen würde. Das A. H. setzte dagegen einen bestimmten Zeitpunkt fest, bis zu welchem einerseits über den allgemeinen Maßstab

Beschluß gefaßt werden, andererseits eine etwa bestehende abweichende Vertheilungsart in Kraft bleiben sollte, gab im Uebrigen der Vorschrift wegen Mehr- oder Minderbelastung einzelner Kreistheile eine weitere Fassung und gestattete endlich eine Revision des allgemeinen Maßstabes von 5 zu 5 Jahren. Dem schloß sich der II. Entwurf der Hauptsache nach an; das A. H. fügte nun aber noch eine ausdrückliche Bestimmung für den Fall hinzu, daß innerhalb der festgesetzten Zeit ein gültiger Kreistagsbeschluß über den Maßstab nicht zu Stande komme, und ließ daneben einen besonderen Maßstab bei den für Verkehrsanlagen aufzubringenden Kreisabgaben zu. Beides wurde sowohl vom H. H. wie später bei Vorlegung des III. Entwurfs von der Staatsregierung gutgeheißen und demgemäß ins Gesetz aufgenommen.

Eigenthümlich verliefen die Verhandlungen über die forensische Besteuerung. Im I. Entwurfe war eine Heranziehung der Forensen ungefähr in derselben Weise, wie sie durch die K. O. geregelt ist, vorgesehen, nämlich zu denjenigen Abgaben, welche auf den Grundbesitz oder das Gewerbe oder das aus diesen Quellen fließende Einkommen gelegt werden; den Forensen waren die Aktiengesellschaften und Kommanditgesellschaften auf Aktien gleichgestellt, jedoch mit der Beschränkung, daß die Aktionäre ꝛc. bei ihrer persönlichen Heranziehung eine Befreiung des Einkommens aus dem Aktienunternehmen fordern konnten; die juristischen Personen sollten nur zu denjenigen Kreisabgaben beitragen, welche auf den Grundbesitz oder das Gewerbe fallen. Die Kommission des A. H. mißbilligte indeß diese Unterscheidung zwischen Aktiengesellschaften ꝛc. und juristischen Personen und unterwarf letztere ganz derselben Besteuerung wie erstere. In dem II. Entwurfe strich nun die Staatsregierung unter sehr eingehender

Begründung die forensische Einkommensbesteuerung ganz, fand damit aber weder beim A. H. noch beim H. H. Anklang. Das A. H. stellte im Wesentlichen die bei Berathung des I. Entwurfs gefaßten Kommissions-Beschlüsse wieder her, ließ nur die vorhin erwähnte Beschränkung bei Heranziehung der Aktionäre rc. fallen und führte außerdem, um ein von der Staatsregierung stark betontes Hinderniß für die Einkommensbesteuerung der juristischen Personen aus dem Wege zu räumen, eine besondere Belastung des Fiskus an Stelle der von letzterem zu zahlenden Einkommensteuer ein. Abgesehen hiervon wurden noch Bestimmungen wegen Heranziehung der Bergwerksbesitzer aufgenommen. Nachdem das H. H. den Beschlüssen des A. H. durchweg zugestimmt hatte, entschloß sich die Staatsregierung zuletzt, nachzugeben und sich jene Beschlüsse ebenfalls anzueignen.

Auch den Grundsatz, daß die auf die einzelnen Kreisangehörigen fallenden Abgabenbeträge nicht unmittelbar von ihnen eingezogen, sondern den Gemeinden und selbständigen Gutsbezirken im Ganzen berechnet und zur Untervertheilung sowie zur Einziehung überwiesen werden sollten, enthielt schon der I. Entwurf; desgleichen behielt er hierbei den Städten die Beschlußnahme über die Aufbringung ihres Solls vor. Das A. H. erklärte sich damit einverstanden. Das H. H. nahm dagegen bei Berathung des gleichlautenden II. Entwurfes mehrere Vorschläge seiner Kommission an, wodurch den Kreistagen nach einer doppelten Richtung hin ein größerer Spielraum gegeben wurde; einmal sollten sie die von dem gesammten Kreise zu erhebende Summe zwischen den Städten und dem platten Lande vertheilen sowie für beide Gruppen einen verschiedenen Maßstab feststellen können; zweitens wurden sie ermächtigt, in Betreff der ländlichen Ortschaften die Führung von Zu- und Abgangslisten behufs Berechnung des durch Veränderungen in den steuerpflichtigen Personen und Objekten entstehenden Mehr- oder Minderaufkommens zu beschließen. Die Staatsregierung, welche den Kommissionsvorschlägen schon bei der Berathung im H. H. entgegengetreten war, hielt aber an ihrer Auffassung bei Einbringung des III. Entwurfs fest und das H. H. kam auf seine früheren Beschlüsse nicht wieder zurück.

Weitläufige Erörterungen fanden endlich wegen der Befreiungen von den Kreisabgaben statt; sie endeten indeß gleichfalls mit dem Siege der von der Staatsregierung vertretenen Anschauung. Die Bestimmungen des Gesetzes weichen von denjenigen des I. Entwurfes nur insofern ab, als die Befreiung der Dienstgrundstücke der Geistlichen, Kirchendiener und Elementarschullehrer sowie des Diensteinkommens der Beamten gegenwärtig blos „bis zur anderweiten gesetzlichen Regelung“ bestehen bleiben soll, während sie ursprünglich ohne diesen Vorbehalt in Aussicht genommen war. Für die Anwendung des Gesetzes trägt das freilich nichts aus; der Zusatz wurde aber eingeschoben, weil die gedachten Befreiungen im A. H. auf den energischsten Widerstand stießen und man deshalb wenigstens bestimmt zum Ausdruck bringen wollte, daß mit Beibehaltung der Befreiungen kein endgültiger Rechtszustand geschaffen sein solle. Bereits bei Berathung des I. Entwurfs beschloß das A. H. eine völlig neue Formulirung der betreffenden Vorschriften, wodurch die beiden bezeichneten Kategorieen der Befreiung aufgehoben und daneben alle Dienstwohnungen für abgabepflichtig erklärt wurden. Trotz der dagegen in den Motiven zum II. Entwurfe geltend gemachten Gründe beharrte das A. H. bei seiner Ansicht und gestaltete die Vorlage ganz nach den früheren Beschlüssen um. Das H. H. stellte sich aber auf Seite der Staatsregierung und ging sogar noch einen Schritt weiter, indem es auch diejenigen Grundstücke freilassen wollte, welche bei Erlaß des Gesetzes über die Grundsteuer vom 21. Mai 1861 zum Vermögen der Kirchen und Kapellen gehört hatten und bisher von Kommunalabgaben befreit geblieben waren. Im III. Entwurfe brachte dann die Staatsregierung den ursprünglichen Vorschlag, welchem nur der erwähnte Vorbehalt hinzugefügt war, wieder und drang damit auch durch. Die Frage ist übrigens bei der Berathung des Entwurfs zu einem Gesetze, betreffend die Aufbringung der Gemeindeabgaben, in der Kommission des A. H. von Neuem angeregt; doch hat die Staatsregierung auch hier eine Fortdauer der angefochtenen Befreiungen stets als begründet erachtet und vertheidigt (vgl. z. B. die Motive zu den §§ 10 und 14 des unterm 3. November 1879 vorgelegten Entwurfs Nr. 19 der Drucksachen des A. H.). — Bei der Novelle vom 19. März 1881 ist einmal die inzwischen gesetzlich ausgesprochene Befreiung der Deichanlagen von der Grundsteuer berücksichtigt und außerdem der Vorschrift wegen Heranziehung des Diensteinkommens der Beamten eine klarere Fassung gegeben.

A. Das System der Kreisbesteuerung.

1. Die Vorschriften über die Kreisbesteuerung werden in der K.O. der Hauptsache nach in den §§. 9—19 zusammengefaßt. Auf diese Paragraphen bezog sich denn auch ursprünglich das dem §. 9 beigegebene Marginale: „b) Beitragspflicht zu den Kreisabgaben“ E. I. 28. Indeß ist der das Beschwerdeverfahren ordnende §. 19, an dessen Stelle zuerst der §. 65 des Zuständigkeitsgesetzes vom 26. Juli 1876 getreten war, gegenwärtig durch die Novelle in einer Fassung wieder eingefügt, wonach er sich nunmehr auch auf den von den Rechten der Kreisangehörigen handelnden §. 7 miterstreckt. Das erwähnte Marginale paßt daher streng genommen nur noch auf die §§. 9—18.

Der den letzteren zu Grunde liegende Gedankengang ist folgender. Nachdem der §. 9 die Verpflichtung der Kreisangehörigen zur Aufbringung von Kreisabgaben ausgesprochen hat, giebt der §. 10 die allgemeinen Grundsätze über die Vertheilung der Kreisabgaben und der §. 11 Bestimmungen über die Aufbringung bez. Einziehung der Kreisabgaben. Die nähere Regelung wegen Feststellung des Vertheilungsmaßstabes für die Kreisabgaben enthält der §. 12, während durch den §. 13 Abweichungen von dem allgemeinen Maßstabe bei solchen Kreiseinrichtungen gestattet werden, welche in besonders hervorragendem oder besonders geringem Grade einzelnen Kreistheilen zu Gute kommen. Es folgen dann in den §§. 14 u. 15 diejenigen Normen, welche die Abgabepflicht über die eigentlichen Kreisangehörigen hinaus auf die Forensen, juristischen Personen, erstrecken und zugleich für die letzteren genauer bestimmen. Daran schließt sich der durch die forensische Einkommensbesteuerung nothwendig gewordene §. 16, welcher einer Doppelbesteuerung desselben Einkommens vorbeugen soll. Die §§. 17 u. 18 endlich gewähren theils dingliche theils persönliche Befreiungen von den Kreisabgaben und beschränken somit die in dem Voraufgehenden geordnete Beitragspflicht wieder nach bestimmten Richtungen.

2. Ueberblickt man das System der Kreisbesteuerung im Ganzen, so bildet den Ausgangspunkt die individuelle Beitragspflicht der Kreisangehörigen; die einzelnen, mit ihrer Person oder ihrem Eigenthum dem Kreise Angehörenden stehen diesem in Betreff des Besteuerungsrechts prinzipiell als die unmittelbar Verpflichteten gegenüber. Die Vertheilung erfolgt nicht, wie bei den Provinzialabgaben (§. 106 der Provinzialordnung) auf die engeren Kommunalverbände, sondern auf die einzelnen Abgabepflichtigen. E. I. 29.

Dies System der Individualbesteuerung ist aber bei der Aufbringung der Kreisabgaben nicht festgehalten. Nach §. 11 wird das Kreisabgabensoll, wie es sich unter Anwendung des beschlossenen Maßstabes für die einzelnen Angehörigen der verschiedenen Gemeinden und selbständigen Gutsbezirke berechnet, den Gemeinden und Gutsbezirken im Ganzen zur Einziehung und Abführung überwiesen. Für die Aufbringung treten also die Gemeinden rc. ein, sodaß die Kreisabgaben in dieser Hinsicht als sog. kontingentirte Steuern erscheinen. E. I. 29 ff.

3. Die Kreisbesteuerung ruht ihrer Grundlage nach auf

Zuschlägen zu den direkten Staatssteuern. Aber auch dies System ist nicht rein durchgeführt, wird vielmehr von dem Prinzip der forensischen Besteuerung durchbrochen. Bei letzterer richtet sich zwar die Einschätzung, nicht aber die Steuerpflicht nach der Staatssteuergesetzgebung. E. I. 35. Von den fingirten Steuersätzen der Forensen, juristischen Personen rc., werden dann freilich wieder Zuschläge, wie bei den wirklichen Staatssteuern, gehoben.

4. Schon hieraus folgt, daß Kreisabgaben nur in Geldbeiträgen bestehen können, die Kreisangehörigen daher zu Naturalleistungen nicht verpflichtet sind. Bei der Berathung des II. Entwurfs ist das, wie bereits in der Einleitung angedeutet, noch besonders zum Ausdruck gekommen. Das H. H. schob auf Anheimgabe seiner Kommission im §. 10 hinter „Abgaben" die Worte ein: „und Leistungen", weil man die Leistung von Naturaldiensten namentlich bei den Chausseebauten nicht wohl entbehren zu können meinte (Nr. 116 der Drucksachen v. 1871/2 S. 27 u. sten. Ber. S. 419—421). Allein dieser Zusatz, welcher schon damals von dem Regierungs-Kommissar bekämpft wurde, ist demnächst in das Gesetz nicht übergegangen und damit die Absicht des Gesetzgebers zweifellos klargestellt. Vgl. auch M. Erl. v. 11. August 1875 im M. Bl. S. 211 und die Bem. zu B. III. 6 unten.

5. Die Provinzialabgaben nehmen, soweit sie nach §. 106 der Provinzalordnung den Landkreisen auferlegt werden, den Charakter von Kreisabgaben an (§. 108 a. a. O.). E. VIII. 18. Der Stadtkreis Magdeburg steht zufolge §. 175 der K. O. in dieser Beziehung den Landkreisen gleich.

6. Die Bestimmung darüber, ob und in welcher Höhe Kreisabgaben erhoben werden sollen, ist durch die §§. 9 u. 116 no. 3 dem Kreistage zugewiesen; es hängt von seinem

freien Ermessen ab, ob und inwieweit er zunächst auf das Vermögen bez. die sonstigen Einnahmen des Kreises greifen oder ohne Rücksicht hierauf die Kreisangehörigen mit Abgaben belasten will. Um jeden Zweifel darüber auszuschließen gab das A. H. dem §. 8 des I. Entwurfs diejenige Fassung, welche sich jetzt in dem §. 9 findet. Sollte ein Steuerpflichtiger meinen, daß der Kreistag von seinem Rechte einen unangemessenen Gebrauch mache, z. B. in unzweckmäßiger Weise Einnahmen zu Kapital schlage, statt sie zu den Kreisbedürfnissen zu verwenden, so kann er deshalb seine Heranziehung zu den Kreisabgaben nicht anfechten. Denn die in das Etatsrecht fallenden Beschlüsse des Kreistages sind einer Controle der Verwaltungsgerichte auf Klage der angeblich dadurch benachtheiligten Kreisangehörigen nicht unterworfen. Es bleibt also für den Betreffenden höchstens eine Beschwerde bei der Aufsichtsbehörde übrig. E. III. 46.

Welche Summe in jedem Jahre an Kreisabgaben aufgebracht werden soll, hat der Kreistag in Verbindung mit der nach §. 127 der K. O. jährlich vorzunehmenden Feststellung des Kreis-Haushaltsetats zu beschließen.

B. Der Kreisabgaben-Vertheilungsmaßstab.

Nach den Grundsätzen für die Vertheilung der Kreisabgaben, wie sie sich in den §§. 10, 12 u. 13 der K. O. niedergelegt finden, ist regelmäßig Ein Maßstab festzustellen und hiernach die Gesammtsumme der zur Deckung aller Kreisbedürfnisse erforderlichen Abgaben aufzubringen; es können also nicht für die verschiedenen Zwecke der Kreisverwaltung verschiedene Abgaben erhoben werden[1]). Diese Regel leidet eine Ausnahme; für Verkehrsanlagen darf ein besonderer Maßstab eingeführt werden. Sowohl jener allgemeine wie dieser besondere Maßstab trifft alle Kreisangehörige gleichmäßig; aber auch hier ist wieder eine Ausnahme zugelassen; unter bestimmten Voraussetzungen kann der Kreistag eine Mehr- oder Minderbelastung einzelner Kreistheile beschließen.

I. Allgemeiner Maßstab.

1. Die Vertheilung der Kreisabgaben darf nur durch Zuschläge zu den von den Kreisangehörigen zu entrichtenden direkten Staatssteuern bez. zu den nach §§. 14 u. 15 zu ermittelnden fingirten Steuersätzen der Forensen, juristischen Personen 2c. erfolgen (§. 10). Zu den direkten Staatssteuern gehört

a) die Klassen- und klassifizirte Einkommensteuer, welche als Eine Steuer betrachtet werden kann,
b) die Grundsteuer,
c) die Gebäudesteuer,
d) die Gewerbesteuer.

Anderer Steuern wird weder in der K. O. selbst noch in den über ihren Erlaß gepflogenen gesetzgeberischen Verhandlungen irgendwie gedacht; man wird daher annehmen müssen, daß nach der Auffassung des Gesetzgebers der Kreis der direkten Steuern hiermit abgeschlossen sein soll. Demgemäß hat man

---

[1]) In der für den zweiten Entwurf niedergesetzten Kommission des A. H. äußerte zwar anfänglich der Minister des Innern eine entgegengesetzte Ansicht, welche auch die Billigung der Kommission fand. Man kam aber später davon zurück und schob nur die besondere Bestimmung wegen der Verkehrsanlagen ein.

die Eisenbahnabgabe (vgl. Gesetz v. 30. Mai 1853 G.S. S. 449 und dessen Ergänzungen) und die Bergwerksabgaben (vgl. Gesetz vom 12. Mai 1851 G.S. S. 261) nicht hieher zu rechnen; der Minister des Innern hält ihre Hereinziehung ebenfalls für unzulässig. M.Erl. v. 13. Juli 1874 M.Bl. S. 199. An sich führt dahin freilich der gewählte Ausdruck nicht. Steht auch die Eintheilung in direkte und indirekte Steuern keineswegs ganz fest (vgl. darüber v. Rönne, Preuß. Staatsrecht 3. Aufl. Bd. II Abth. 2 S. 623), so würde man doch nach der herrschenden Ansicht beiden Abgaben den Charakter direkter Steuern kaum bestreiten können; Schulze (Preuß. Staatsrecht Bd. II Abth. 2 S. 476) führt sie denn auch beide unter den direkten Steuern auf und v. Rönne a. a. O. thut dies wenigstens mit der Eisenbahnabgabe. Letztere wird aber auch in der Sprache der Gesetzgebung geradezu als direkte Steuer bezeichnet; in dem Staatshaushalts-Etat schließt sie sich unter der Ueberschrift: „Direkte Steuern" der Grund-, Gebäude-, klassifizirten Einkommen-, Klassen- und Gewerbesteuer unmittelbar an. In der Kreisordnung wäre daher der mehrerwähnte Ausdruck besser vermieden.

2. Kreisangehörige, welche von der Klassensteuer befreit sind, weil ihr Einkommen weniger als 420 Mark beträgt, können unter der Voraussetzung, daß sie nicht im Wege der öffentlichen Armenpflege eine fortlaufende Unterstützung erhalten, nach einem für Haushaltungen wie für Einzelsteuernde geltenden fingirten Steuersatze von 1 M. 50 Pf. jährlich herangezogen werden (§. 9a des Gesetzes vom 25. Mai 1873. G.S. S. 213). Es bedarf dazu übrigens eines ausdrücklichen Beschlusses des Kreistages.

3. Dem Kreistage ist nicht gestattet, einzelne Staats-

steuern von der Heranziehung ganz auszunehmen. Nur die Gewerbesteuer, soweit es sich nicht um die von dem Gewerbebetriebe auf dem platten Lande aufkommende Gewerbesteuer der Klasse A. I. handelt, kann freigelassen werden (§. 10 Abs. 2).

4. Dagegen ist der Prozentsatz, welcher von den einzelnen Staatssteuern als Zuschlag erhoben werden soll, innerhalb gewisser Schranken, von dem Kreistage frei zu bestimmen. Diese Schranken dienen dazu, die Innehaltung eines bestimmten Verhältnisses zwischen den verschiedenen Steuern zu sichern, und sind folgende:

a) Die Grund-, Gebäude- und die von dem Gewerbebetriebe auf dem platten Lande aufkommende Gewerbesteuer der Klasse A. I. muß mindestens mit der Hälfte und darf höchstens mit dem vollen Betrage desjenigen Prozentsatzes herangezogen werden, mit welchem die Klassen- und klassifizirte Einkommensteuer belastet wird (§. 10 Abs. 2).

b) Hierin liegt zugleich die Vorschrift, daß von den drei erstgenannten Steuern stets ein gleicher Prozentsatz zu erheben ist. M. Erl. v. 10. Juni 1874 II. M. Bl. S. 155. Spricht für diese Auslegung schon der Wortlaut, so ergiebt sie sich auch aus der Entstehungsgeschichte; denn die gesetzgebenden Faktoren sind nach Ausweis der geführten Verhandlungen offenbar von dem Gedanken ausgegangen, daß jene drei Steuern, welche auch im §. 12 bei dem besonderen Maßstabe für Verkehrsanlagen wieder zusammengefaßt werden, ganz gleichmäßig zu behandeln seien.

c) Die Gewerbesteuer darf mit keinem höheren Prozentsatze, als die Grund- und Gebäudesteuer herangezogen werden (§. 10 Abs. 2).

5) Innerhalb der einzelnen Staatssteuern muß der Zuschlag alle Klassen und Stufen gleichmäßig treffen. M. Erl.

v. 10. Juni 1874 III. Dies folgt einestheils aus dem Grundgedanken, worauf die Kreisbesteuerung beruht, anderentheils aus den Abweichungen, welche das Gesetz ausdrücklich vorschreibt oder gestattet:

a) Gesetzlich ausgeschlossen von der Heranziehung ist nach einem in der Preußischen Kommunalsteuer-Gesetzgebung durchgängig festgehaltenen Prinzipe die Steuer vom Hausirgewerbe (§. 10 Abs. 2).

b) Die Gewerbesteuer der Klasse A. I. auf dem Lande richtet sich nach besonderen Regeln (s. oben unter 4a).

c) Die erste Stufe der Klassensteuer (Einkommen von 420 M. bis 660 M. einschließlich mit einem Steuersatze von 3 M.) kann entweder ganz freigelassen oder mit einem geringeren Prozentsatze, als die übrigen Stufen der Klassensteuer belastet werden (§. 10 Abs. 3).

6. Von den staatlicherseits veranlagten und von den durch den Kreisausschuß fingirt eingeschätzten Steuersätzen muß ein gleicher Zuschlag erhoben werden. Auch dies geht mit Nothwendigkeit aus dem Grundgedanken des Gesetzes hervor. E. IV. 61.

7. Jeder Zuschlag zu den einzelnen Staatssteuern stellt eine besondere Kreisabgabe dar. Er muß auch thatsächlich besonders berechnet werden, soweit die Staatssteuern nicht mit gleichen Prozentsätzen belastet sind. Demnächst werden freilich die verschiedenen Zuschläge aus naheliegenden Gründen der Zweckmäßigkeit für jeden Pflichtigen zusammengerechnet und von ihm in einer Summe eingezogen; dadurch ändert sich aber nichts an dem rechtlichen Charakter der Zuschläge, E. III. 13 u. VII. 79. Die Wirkung dieses Satzes zeigt sich namentlich bei der Frage, inwieweit eine Nachforderung von Kreisabgaben zulässig ist; vgl. unten Bem. zu D. 8.

8. Der Vertheilung dürfen nur die Staatssteuern des laufenden Etatsjahres, nicht etwa die des Vorjahres zu Grunde gelegt werden. Hierzu nöthigt schon die grammatikalische Auslegung; denn einmal können unter den „von den Kreisangehörigen zu entrichtenden direkten Steuern" nur solche Steuern verstanden werden, welche in demselben Zeitraume mit den Kreisabgaben zu zahlen sind, und ferner lassen sich auch Beiträge, welche nach Maßgabe einer längst entrichteten Steuer berechnet werden sollen, nicht wohl als „Zuschläge" bezeichnen. Außerdem kann nur so die Heranziehung der Forensen, juristischen Personen 2c., deren Einschätzung zufolge §. 15 nach den bestehenden gesetzlichen Bestimmungen, also für das laufende Etatsjahr geschehen muß, mit der Heranziehung der anderen Kreisangehörigen in Einklang gebracht werden. Endlich ist nicht anzunehmen, daß der Gesetzgeber den Kreistagen die Möglichkeit habe eröffnen wollen, die Kreisabgaben nach beliebigen, vielleicht mehrere Jahre zurückliegenden Staatssteuern aufbringen zu lassen; und das würde doch unvermeidlich sein, wenn man den Kreistagen gestatten wollte, auf ein anderes, als das laufende Jahr, zurückzugreifen. — Hat der Kreis als Etatsjahr noch das Kalenderjahr beibehalten, so muß eine doppelte Veranlagung, für den Zeitraum vom 1. Januar bis 31. März einerseits und für den Rest des Jahres andererseits, vorgenommen werden. E. VII. 118—121.

9. Nachdem bereits durch das Gesetz vom 25. Mai 1873 (G.S. S. 213) eine Contingentirung der Klassensteuer auf einen bestimmten Betrag mit der Wirkung eingeführt war, daß bei Ueberschreitung des Betrages die veranlagte Steuer verhältnißmäßig herabgesetzt werden muß, sollen nach §. 1 des Gesetzes vom 10. März 1881 (G.S. S. 126) drei

Monatsraten der Klassensteuer und der fünf untersten Stufen der klassifizirten Einkommensteuer außer Hebung bleiben. Davon werden indeß die Zuschläge, welche als Kreisabgaben erhoben werden, nicht berührt; für dieselben sind nach §. 3 des zuletzt genannten Gesetzes[1]) die veranlagten Steuersätze maßgebend.

10. Die von den Kreisangehörigen zu entrichtenden Staatssteuern finden sich in den betreffenden Steuerlisten verzeichnet. In die bei der Veranlagung angefertigten Listen werden nun freilich Berichtigungen in Folge begründet befundener Reklamationen nicht eingetragen; die Berichtigung wird vielmehr durch Aufstellung von Abgangslisten bewirkt. Ohne Weiteres dürfte aber klar sein, daß Berichtigungen, welche bereits vor Beginn des Etatsjahres bez. vor der etwa später erfolgenden Veranlagung der Kreisabgaben eingetreten sind, berücksichtigt werden müssen. Denn wenn die „zu entrichtenden Staatssteuern" den Maßstab bilden sollen, so können das nicht die ursprünglich falsch veranlagten, sondern nur die richtig gestellten und demnach wirklich zu entrichtenden Staatssteuern sein. Die Staatsregierung hat es denn auch von diesem Standpunkte aus sogar als selbstverständlich betrachtet, daß Berichtigungen, welche erst nach Veranlagung der Kreisabgaben endgültig festgestellt werden, von Amtswegen zu beachten seien. In den Motiven zu dem von den Reklamationen handelnden §. 14 des I. Entwurfs heißt es: „Da die Kreisabgaben als Zuschläge zu den direkten Staatssteuern erhoben

---

[1]) §. 3 Abs. 1: Die Erhebung von Kommunalzuschlägen zu den im §. 1 gedachten Steuern, beziehentlich die Vertheilung an Kommunallasten nach dem Maßstabe derselben erfolgt unter Zugrundelegung der in den Gesetzen über die Klassen- und klassifizirte Einkommensteuer vorgeschriebenen Steuersätze.

werden, so ziehen die in Folge von Reklamationen eintretenden Ermäßigungen der Staatssteuersätze auch von selbst eine entsprechende Ermäßigung der Kreiszuschläge nach sich, ohne daß es deshalb noch erst einer besonderen Reklamation in Gemäßheit dieses Paragraphen bedarf." Dem ist bei den gesammten späteren Verhandlungen von keiner Seite entgegengetreten; man darf also in diesem Punkte ein Einverständniß aller Faktoren der Gesetzgebung als vorhanden annehmen. Wenn in der Zeitschrift: „Die Selbstverwaltung" (Jahrgang II S. 193, 194 u. Jahrgang VII S. 83) ausgeführt wird, der fr. Gedanke treffe nicht mehr zu, nachdem die Prüfung der Reklamationen, welche nach dem I. Entwurfe den Aufsichtsbehörden (Bezirksregierung u. Ober-Präsident) zustehen sollte, den Selbstverwaltungsorganen übertragen sei, so ist nicht zu erkennen, welcher Zusammenhang zwischen dem beregten Gedanken und der Bestimmung über die zur Prüfung der Reklamationen berufene Behörde obwalten könnte. Nicht weil die Aufsichtsbehörden über die Reklamationen entscheiden sollten, sondern weil das Gesetz die Kreisabgaben nach den zu entrichtenden Staatssteuern umgelegt wissen will, sah es die Staatsregierung als eine nothwendige Konsequenz der vorgenommenen Staatssteuer-Ermäßigungen an, daß auch die danach bemessenen Kreisabgaben herabgesetzt werden müßten. Völlig verkannt wird das Grundprinzip der Kreisbesteuerung von Wachler (Die K. O. 2. Aufl. Anm. zu §. 19), welcher seine mit den Ausführungen der „Selbstverwaltung" sonst übereinstimmende Ansicht noch durch die Behauptung begründen will, daß die Veranlagung zur Staatssteuer überhaupt nicht unbedingt entscheidend für die Heranziehung zur Kreissteuer sein könne. — Das Gesetz hat es aber allerdings nirgends dem Kreisausschusse zu einer ausdrücklichen Pflicht gemacht, ohne voraufgehende Reklamation Aenderungen an den einmal veranlagten Kreisabgaben eintreten zu lassen, und inwieweit das Rechtsmittel des Einspruchs genügt, um einen nach der Auffassung der Staatsregierung begründeten Anspruch auf Ermäßigung der Kreisabgabe durchzusetzen, wird später (Bem. E. 5.) zu erörtern sein.

II. Besonderer Maßstab für Verkehrsanlagen.

1. Die Bestimmung, daß die Kreisabgaben für Verkehrsanlagen nach einem eigenen Maßstabe aufgebracht werden können, ist hervorgegangen aus einer Anregung der vom A. H. bei der Berathung des II. Entwurfs niedergesetzten Kommission. Der Berichterstatter, Abgeordneter von Brauchitsch, bemerkte zur Erläuterung, daß man den Ausdruck: „Verkehrsanlagen" im weitesten Sinne verstanden wissen wolle, daß also darunter Chausseen, Eisenbahnen, Vorarbeiten zu Eisenbahnen, Brücken- und Wasserbauten fielen (Sten. Ber. S. 1322 ff.). Danach werden Zweifel über den Umfang jenes Wortes nicht leicht entstehen; bei den zuletzt genannten Wasserbauten ist übrigens selbstredend zu fordern, daß sie dem Verkehre und nicht etwa blos der Bodenkultur u. s. w. dienen.

2. Eine Abweichung von dem allgemeinen Maßstabe ist nach zwei Seiten hin zulässig.

a) Die Grund-, Gebäude- und die von dem Gewerbebetriebe auf dem platten Lande aufkommende Gewerbesteuer der Klasse A. I. kann mit einem höheren Prozentsatze, als bei den übrigen Kreisabgaben, belastet werden; doch niemals höher, als mit dem vollen Prozentsatze der Klassen- und klassifizirten Einkommensteuer; denn diese im §. 10 bestimmte Grenze muß nach ausdrücklicher Vorschrift des Gesetzes —

„innerhalb der im §. 10 festgesetzten Grenzen" — auch hier beachtet werden.

b) Sofern die erste Stufe der Klassensteuer nicht schon bei dem allgemeinen Maßstabe ganz freigelassen ist, kann entweder diese Freilassung oder die Heranziehung der ersten Stufe mit einem geringeren Prozentsatze, als bei dem allgemeinen Maßstabe, beschlossen werden.

III. Mehr- oder Minderbelastung einzelner Kreistheile (§. 13).

1. Eine stärkere oder schwächere Heranziehung einzelner Kreistheile ist gestattet bei Kreiseinrichtungen, welche in besonders hervorragendem oder in besonders geringem Maße einzelnen Kreistheilen zu Gute kommen. Ob eine bestimmte Einrichtung in diese Kategorie zu bringen ist, hängt in erster Linie von dem Beschlusse des Kreistages ab; indessen hat auch der Minister des Innern ein entscheidendes Wort mitzusprechen, da der Kreistagsbeschluß nach §. 176 Nr. 2 seiner Bestätigung bedarf. Vorwiegend werden hier wieder Verkehrsanlagen in dem soeben entwickelten Sinne in Frage kommen; aber schon die Motive zum §. 95 des I. Entwurfs machen daneben auf Krankenhäuser und Sparkassen aufmerksam, bei denen eine Minderbelastung solcher Städte angezeigt erscheine, welche sich bereits im Besitze derartiger Anstalten befänden. Dasselbe gilt von Arbeitshäusern u. dgl.

Man wird übrigens nach der Tendenz des Gesetzes wohl noch einen Schritt weitergehen und annehmen können, daß der §. 13 auch da Anwendung finden darf, wo es sich nicht um eine von dem Kreise selbst herzustellende oder zu unterhaltende Anlage handelt, sondern der Kreis sich nur bei einem Unternehmen, welches ein Dritter leitet, betheiligt; namentlich also in Fällen, wo z. B. eine Eisenbahn oder eine

Chaussee vom Staate oder von Privaten gebaut werden soll und der Kreis dazu nur einen Zuschuß leistet. Es mag zugegeben werden, daß der Ausdruck: „Kreiseinrichtung" auf solche Beihülfen nicht ganz paßt oder wenigstens in diesem Sinne ungewöhnlich ist; allein von vornherein ausgeschlossen möchte es nicht sein, ihn hierauf auszudehnen — man braucht nur an einen so erheblichen Zuschuß zu denken, daß zu seiner Deckung eine eigene, allmählig wieder abzutragende Anleihe erforderlich wird — und ohne Weiteres leuchtet ein, daß dieselben Gründe, welche die Vorschrift überhaupt veranlaßt haben, in ganz gleichem Maße hier zutreffen. Die Motive zu §. 95 des I. Entwurfs bringen daneben die Vorschrift in den engsten Zusammenhang mit der den Kreistagen durch das Gesetz beigelegten Befugniß, nach ihrem Gutdünken Ausgaben im Interesse des Kreises zu beschließen und hierbei ist gewiß nicht blos an Ausgaben zu Kreiseinrichtungen im engeren Sinne gedacht.

Abgesehen davon fallen unter den §. 13 zweifellos alle Ausgaben, welche für die betreffenden Kreiseinrichtungen zu leisten sind; bei einem Chausseebau z. B. die Lasten der ersten Herstellung, der Verzinsung und Tilgung etwaiger zu dem Ende aufgenommenen Anleihen und der künftigen Unterhaltung. M. Erl. v. 1. November 1879 A. I. M. Bl. 1880 S. 11.

2. Der §. 13 bezieht sich nicht blos auf Kreiseinrichtungen welche der Kreistag erst nach dem Inkrafttreten des Gesetzes beschließt, sondern umfaßt auch die bei Erlaß der K. O. bereits vorhandenen Einrichtungen. E. VII. 53. Zu dieser Auslegung nöthigt schon folgende Erwägung. Nach früherem Rechte, welches die Kreistage ermächtigte, mit Königlicher Genehmigung Einrichtungen zu treffen, bei denen nur ein

Theil des Kreises interessirt war, konnte bei solchen Gelegenheiten der betreffende Kreistheil ebenfalls schärfer herangezogen werden. Diese öfters vorkommende Vertheilungsart der Kreisabgaben fand in der K. O. (§. 12 Abs. 4) ausdrücklich Berücksichtigung; sie wurde — abweichend von den sonstigen Normen für den Vertheilungsmaßstab — bis zum 31. Dezember 1875 aufrecht erhalten, sofern nicht der Kreistag schon in der Zwischenzeit den Uebergang zu dem nach der K. O. festgestellten Maßstabe beschloß. Wenn sie nun aber jedenfalls mit dem 1. Januar 1876 erlosch und wenn doch andererseits der Gesetzgeber im §. 13 den Grundsatz als zutreffend anerkannte, daß in derartigen Fällen eine stärkere oder schwächere Belastung der betheiligten Kreistheile den Forderungen der Billigkeit entspreche, so konnte er den Kreistagen nicht wohl die Möglichkeit abschneiden, den §. 13 auf ältere, bereits vorhandene Einrichtungen anzuwenden. Außerdem erweist sich die hiermit übereinstimmende Absicht des Gesetzgebers auch klar aus der Entstehungsgeschichte. Bei der Vorberathung des I. Entwurfs beschloß das A. H. im Abs. 3 des §. 11 einen Zusatz, wonach Abweichungen von dem allgemeinen Maßstabe bei besonderen Kreiseinrichtungen auch in Betreff der „älteren Abgaben" gestattet sein sollten. Der Zusatz ging in den II. Entwurf über; das A. H. verschmolz aber den Abs. 3 mit dem §. 94 des Entwurfs zu einem neuen §., dem jetzigen §. 13, welcher nachher nur noch eine redaktionelle Aenderung durch das H. H. erfahren hat. Daß hierbei beabsichtigt sei, jenen Gedanken, aus welchem der Zusatz entsprungen war, wieder aufzugeben, ist durch nichts angedeutet. Trotzdem glaubte der Freiherr von Tettau in der Sitzung des H. H. vom 24. October 1872 das Recht der Kreise, eine schon bestehende Mehr- oder Minderbelastung beizubehalten, durch ein besonderes Amendement sicherstellen zu müssen; dasselbe wurde indeß mit der Ausführung, die fr. Befugniß sei schon im §. 13 enthalten, bekämpft und demnächst auch vom Hause abgelehnt (Sten. Ber. S. 441 ff.).

3. Die Mehr- oder Minderbelastung muß nach Quoten der Kreisabgaben bemessen werden. Die Worte: „der Kreisabgaben" sind erst auf Vorschlag der Kommission des A. H. bei Berathung der Novelle eingeschoben, um klarzustellen, daß nur Prozentsätze der Zuschläge zu den Staatssteuern, welche als Kreisabgaben erhoben werden, beschlossen werden dürfen. Das Gesetz ist übrigens auch früher stets so aufgefaßt. M. Erl. v. 19. Februar u. 11. August 1875. M. Bl. S. 78 u. 211; M. Erl. v. 1. November 1879. M. Bl. 1880 S. 11. Daraus folgt:

a) Den betr. Kreistheilen können nicht quantitativ feststehende Beträge auferlegt werden, also auch nicht Quoten der für die fr. Kreiseinrichtungen aufzuwendenden Kosten. Dagegen ist es dem Kreistage unbenommen, sich zunächst den Betrag, welcher in der Mehrbelastung Deckung finden soll, zu berechnen und danach die Quoten der Kreisabgaben zu bemessen.

b) Die Mehr- 2c. Belastung muß in Prozenten derjenigen Kreisabgaben bestehen, welche für die betr. Kreiseinrichtung aufgebracht werden. Handelt es sich demnach um Verkehrsanlagen und gilt für diese ein besonderer Maßstab, so darf die Mehr- 2c. Belastung nur hierauf angewendet werden.

c) Die Prozentsätze müssen ferner die einzelnen Steuern, welche nach dem Maßstabe herangezogen werden, gleichmäßig treffen. Die Festsetzung verschiedener Quoten für die präzipuale Heranziehung der einzelnen Steuergattungen würde dem der K. O. zu Grunde liegenden Prinzipe der Vertheilung der Kreisabgaben nach einem ein für alle Mal feststehenden Maßstabe widersprechen.

d) Die Mehr- 2c. Belastung ergreift in derselben Weise, wie die Kreisabgabe selbst, alle Angehörigen der betr. Kreistheile. Einzelne Klassen der Kreisangehörigen können daher nicht besonders herangezogen werden. — Unter die „Kreisangehörigen", deren §. 13 allein erwähnt, fallen indeß auch die Forensen, juristischen Personen 2c. Daß der letzteren nicht ausdrücklich gedacht ist, entscheidet nach dem Sprachgebrauche der K. O. nicht (vgl. unten Bem. zu D. 2). Im Uebrigen ergiebt sich die Absicht des Gesetzgebers unzweideutig aus dem Zusammenhange der Bestimmungen über die Kreisbesteuerung. Die §§. 10—13 bilden, wie oben dargelegt, ein Ganzes und darauf bezieht sich §. 14, wenn er die vorher geordnete Abgabenpflicht der eigentlichen Kreisangehörigen auf die Forensen 2c. ausdehnt; die letzteren können daher innerhalb der im §. 14 gesteckten Grenzen zu allen Kreisabgaben herangezogen werden, welche der Kreistag nach Maßgabe der §§. 10—13 erheben läßt. In Betreff des Fiskus ist auch die Zulässigkeit einer Mehrbelastung zufolge §. 13 durch den Minister der Finanzen, des Innern und für Handel 2c. in dem Erlasse vom 31. October 1873 M. Bl. S. 33 anerkannt. E. Heiligenbeil 10. Juni 1880.

4. Der Ausdruck: „Kreistheil" ist mehrfacher Deutung fähig; es können darunter beliebig abgegrenzte geographische Bezirke oder die organischen Glieder des Kreises, die Gemeinden und selbständigen Gutsbezirke, verstanden werden. Wenn es nun auch nahe liegt, daß die Kreistage sich regelmäßig an die letzteren halten werden, so scheint doch eine Beschränkung hierauf durch das Gesetz nicht unbedingt geboten zu sein. An sich ist kaum zu leugnen, daß irgend ein räumlich

bestimmtes Stück des Kreises unter den Begriff: „Kreistheil" fällt; es entspricht das sogar der natürlichsten Bedeutung des Wortes und es müßte immerhin auffallen, wenn der Gesetzgeber sich dieses Ausdruckes bedient hätte, obgleich seine Absicht lediglich auf eine nach Gemeinden und Gutsbezirken zu vertheilende Belastung gerichtet gewesen wäre. Unter Umständen kann es auch entschieden zweckmäßig sein, die Abgrenzung in anderer Weise vorzunehmen, z. B. in Fällen, wo zu einer Stadt oder einem Gutsbezirke ein weit entlegenes Besitzthum (Vorwerk, Forst rc.) gehört, welches von einer in Frage stehenden Wegeanlage nicht den geringsten Vortheil hat. Es dürfte deshalb die Meinung den Vorzug verdienen, daß der Gesetzgeber absichtlich eine Fassung gewählt habe, welche es den Kreistagen ermöglicht, in weitgehendstem Grade den thatsächlichen Verhältnissen Rechnung zu tragen. Aus den Verhandlungen im Landtage ist darüber freilich nichts zu entnehmen. Der angezogene M. Erl. v. 1. November 1879 spricht sich ebenfalls nicht bestimmt aus; er geht zwar davon aus, daß die Mehrbelastung den Gemeinden und Gutsbezirken auferlegt werde (unter A. 5); aber das mag seinen Grund auch darin haben, daß eine solche Anordnung die weitüberwiegende Regel bilden wird. Vielleicht könnte man eine Billigung der oben vertretenen Auffassung in E. Königsberg 6. Dezember 1880 finden, wo gesagt wird, daß es dem Kreistage freistehe, aus Billigkeitsrücksichten für einen bestimmten Theil einer einzelnen Gemeinde eine Ausnahme in Betreff der für die Gemeinde im Ganzen geregelten Heranziehung zu machen. Es ließe sich nämlich sonst die Frage aufwerfen, ob in der Freilassung eines Theils der Gemeinde nicht eine Verletzung des Grundsatzes liege, daß die Mehrbelastung alle Angehörige des Kreistheils gleichmäßig treffen muß.

5. Für mehrere Kreistheile, welche in verschiedener Weise von der Kreiseinrichtung Nutzen haben, kann eine verschiedene Quote vorgeschrieben werden, m. a. W. der Kreistag kann Interessentenklassen aufstellen, in welche die einzelnen Kreistheile eingereiht werden und deren Beiträge sich in Gemäßheit der Größe des zu erwartenden Vortheils nach Prozentsätzen abstufen. — Wenn dies in dem M. Erl. v. 1. November 1879 (A. 6) dahin ausgedrückt wird, die einem einzelnen Kreistheile auferlegte Präzipualquote könne innerhalb des Kreistheils wiederum in verschiedenen Unterabstufungen aufgebracht werden, so ist eine derartige Konstruktion nicht unbedenklich, da sie gewissermaßen gegen das Prinzip der gleichmäßigen Heranziehung aller Kreisangehörigen verstößt.

6. „Die Mehrbelastung kann nach Maßgabe der Beschlüsse des Kreistags durch Naturalleistungen ersetzt werden" (§. 13 Satz 2).

Der Wortlaut dieser Vorschrift würde auch die Auslegung gestatten, daß der Kreistag berechtigt sei, den Kreisangehörigen statt der Mehrbelastung Naturalleistungen aufzuerlegen. Nach der Entstehungsgeschichte erscheint das aber unthunlich. M. Erl. vom 11. August 1875. M. Bl. S. 211. Bei dem vorhin (Bem. 2) erwähnten Vorgange im H. H. erläuterte der Regierungs-Kommissar den fr. Satz dahin, es solle der Kreistag beschließen können, daß an Stelle der präzipualen Geldleistungen Naturalprästationen nach den anschlagsmäßigen Preisen geleistet werden dürften. Dem wurde freilich entgegengehalten, daß beim unbefangenen Lesen dieser Sinn in den Worten kaum zu finden sei und daß die Vorschrift, anders aufgefaßt, mit dem §. 9, welcher nur von Abgaben spreche, nicht in Einklang stehe. Das H. H. nahm dementsprechend auch den Vorschlag der Kommission an, in dem §. 9 die Worte: „und Leistungen“ hinter „Abgaben“ einzuschalten. Da dieser Zusatz aber demnächst wieder gestrichen und in das Gesetz nicht übergegangen ist, kann die Absicht der gesetzgebenden Faktoren nur darin bestanden haben, daß eine Verpflichtung der Kreisangehörigen zu Leistungen überhaupt nicht zugelassen werden solle. Dann bleibt allein die Auslegung übrig, welche der Regierungs-Kommissar in jener Sitzung des H. H. gegeben hat. Demgemäß enthält der Beschluß des Kreistages, welcher den Ersatz der Mehrbelastung durch Naturalleistungen vorsieht, nur ein Anerbieten an die von der Mehrbelastung Betroffenen; es steht bei ihnen, ob sie davon Gebrauch machen wollen, und legt der Kreistag Werth darauf, daß sie die Naturalleistung wählen, so wird er die Sache so ordnen müssen, daß die Naturalleistungen den Betheiligten einen ins Gewicht fallenden Vortheil bieten. Werden die Naturalleistungen übernommen, so gehen die Betheiligten eine freiwillige Vereinbarung mit dem Kreise ein und danach sind die zwischen beiden Theilen entstehenden Rechtsverhältnisse zu beurtheilen. Die Naturalleistung verliert also den Charakter einer öffentlichen Prästation; es findet demnach keine Zwangsvollstreckung im Verwaltungswege statt, ebensowenig eine Reklamation und Klage im Verwaltungsstreitverfahren. E. Habelschwerdt. 18. Dezember 1879. Etwaige Streitigkeiten zwischen dem Kreise und den Betheiligten können nur durch Anrufen der Aufsichtsbehörde eventuell des Civilrichters geschlichtet werden. Deshalb empfiehlt es sich, daß der Kreis Naturalleistungen nur dann zuläßt, wenn dieselben von den betheiligten Gemeinden auf Grund ordnungsmäßig gefaßter Gemeindebeschlüsse bez. von den Besitzern selbständiger Gutsbezirke auf Grund rechtsbeständiger Erklärungen in der Weise übernommen werden, daß die Gemeinden bez. Gutsbesitzer für die rechtzeitige und vollständige Leistung haften. — Wie nicht wohl in Abrede genommen werden kann, ist bei solcher Sachlage die ganze Vorschrift mehr oder weniger überflüssig. Auch ohne sie würde es dem Kreise freistehen, mit den Betheiligten ein Uebereinkommen zu treffen, wonach an die Stelle der Mehrbelastung eine bestimmte anderweite Leistung tritt, ebensowie das Gesetz den Kreis nicht verhindert, einen solchen Vergleich wegen der nach dem allgemeinen Maßstabe aufzubringenden Kreisabgaben zu schließen oder mit den Betheiligten sich dahin zu einigen, daß sie statt der nach Quoten bemessenen Mehrbelastung einfach eine gewisse Geldsumme zahlen (M. Erl. v. 1. November 1879 A. 5.) Man könnte daher in der That versucht sein, auf die andere Deutung der Vorschrift zurückzukommen, wenn dem nicht der dargelegte Gang der gesetzgeberischen Verhandlungen entschieden entgegenstände. — Im Uebrigen bleibt es der Beschlußnahme des Kreistages überlassen, ob die Mehrbelastung durch Leistungen in bestimmt begrenztem Umfange (z. B. der Grundentschädigungen, der Hand- und Spanndienste) ersetzt werden soll oder ob einzelne Leistungen zu bestimmten Einheitssätzen (z. B. Material pro Kubikmeter, Dienste pro Tag oder Pferd ꝛc.) angenommen werden sollen.

7. Geld- oder Naturalleistungen, welche einzelne Kreiseingesessene oder Gemeinden ꝛc. als Beihülfen zu bestimmten Kreiseinrichtungen, z. B. zu Chausseeanlagen, übernehmen, ohne daß von Seiten des Kreises eine stärkere Belastung des betr. Kreistheils beschlossen ist, fallen überhaupt nicht unter den §. 13. M. Erl. v. 18. Februar 1880 M. Bl. S. 78.

IV. Beschlußfassung über den Maßstab.

1. Die K.O. setzt im §. 12 voraus, daß jeder Kreistag einen Beschluß über den allgemeinen Maßstab bis zum 30. Juni 1874 fassen werde; ordnet aber, falls bis dahin ein gültiger Beschluß nicht zu Stande kommt, an, daß einstweilen die Kreisabgaben auf sämmtliche direkte Staatssteuern mit Ausschluß der Hausirgewerbesteuer gleichmäßig vertheilt werden sollen. Der Kreistag kann dann jederzeit einen anderen, dem Gesetze entsprechenden Maßstab beschließen; denn der gesetzlich eintretende Maßstab gilt nur „bis zur Herbeiführung dieses (anderweiten) Beschlusses."

Hat der Kreistag einen Maßstab festgestellt, so ist dessen Aenderung innerhalb der nächsten fünf Jahre unstatthaft. Fraglich ist aber, ob das Gesetz eine fünfjährige Periode in der Art vorschreibt, daß es, wenn bis zum Ablaufe der fünf Jahre eine Modifikation, die mit diesem Zeitpunkte in Kraft tritt, nicht beschlossen ist, auch während der ganzen folgenden fünf Jahre bei dem bestehenden Fuße bewenden muß, oder ob es dem Kreistage freisteht, nach Verlauf von fünf Jahren jederzeit eine Revision vorzunehmen, sodaß nunmehr eine neue fünfjährige Periode mit Einführung des neuen Maßstabes beginnt. Der Wortlaut des Gesetzes: „Der Kreistag kann den festgestellten Maßstab von fünf zu fünf Jahren einer Revision unterziehen", gewährt keinen ganz sicheren Anhalt; die Entstehungsgeschichte zwar auch nicht, sie spricht aber doch mehr für die letztere Alternative. Der Satz wurde vom A. H. bei der Vorberathung des I. Entwurfes eingeschaltet; man meinte gegenüber dem Regierungsentwurfe, wonach es zur Vermeidung unerwünschter Interessen-Streitigkeiten bei dem einmal beschlossenen Maßstabe fortdauernd verbleiben sollte, den Kreistagen die Möglichkeit einer Abänderung offen halten zu müssen, weil der festgestellte Maßstab sich nach Ablauf einer gewissen Zeit wegen inzwischen veränderter Verhältnisse als unpassend erweisen könne. Damit stimmt es am meisten, wenn man in dem Gesetze nur die Vorschrift erblickt, daß vor Revision des Maßstabes immer erst fünf Jahre seit der Feststellung verflossen sein müssen.

2. Die vorstehend besprochenen Bestimmungen gelten nicht für den §. 13. Der Kreistag kann demnach sowohl bei den älteren, bereits vor Erlaß der K. O. vorhanden gewesenen, als bei den erst nach dem Inkrafttreten des Gesetzes beschlossenen Einrichtungen eine Mehr- oder Minderbelastung zu jedem ihm angemessen erscheinenden Zeitpunkte einführen; selbst wenn eine Kreiseinrichtung ins Leben gerufen wäre, ohne daß der Kreistag von dem Rechte des §. 13 Gebrauch gemacht hätte, bliebe es ihm unbenommen, hierauf nachträglich jederzeit zurückzukommen. Ebenso wird es ihm auch freistehen müssen, eine beschlossene Mehr- oder Minderbelastung später ohne Rücksicht auf die fünfjährige Periode zu modifiziren oder ganz fallen zu lassen. Alles das schließt nicht eine verbotene Abänderung des nach §. 12 einmal festgestellten Maßstabes in sich; denn letzterer bleibt trotzdem derselbe; die schärfere oder geringere Heranziehung einzelner Kreistheile läßt ihn unberührt. — Ob dies Resultat denjenigen Gedanken entspricht, welche den Gesetzgeber bewogen haben, dem einmal festgestellten Maßstabe eine gewisse Dauer zu verleihen und dadurch stets erneute Kämpfe der verschiedenen Interessenkreise über die Regelung der Abgabenpflicht zu verhüten, mag bezweifelt werden; es ist aber jedenfalls nicht statthaft, die desfallsigen im §. 12 enthaltenen Vorschriften

einfach auf den §. 13 mitzubeziehen. Die beiden Paragraphen werden auch sonst im Gesetze vielfach auseinandergehalten, vgl. z. B. §. 119 no. 1 u. 2, §. 124, §. 176 no. 2.

3. Die Beschlußfassung über den Maßstab ist an bestimmte Förmlichkeiten gebunden.

a) Beschlüssen über die Festsetzung des Maßstabes und über Mehr- oder Minderbelastung einzelner Kreistheile muß ein vom Kreisausschusse ausgearbeiteter, ausführlicher Vorschlag vorangehen, dessen Inhalt im §. 119 [1]) näher angegeben wird und welcher den Kreistagsmitgliedern mindestens 14 Tage — in Nothfällen mindestens 3 Tage — vor dem Kreistage schriftlich zuzustellen ist. Fehlt es ganz an einem solchen Vorschlage oder ist derselbe den Abgeordneten nicht rechtzeitig zugegangen, so wird ein dessenungeachtet gefaßter Beschluß als gültig zu Stande gekommen nicht betrachtet werden können; inwieweit der Vorschlag inhaltlich den gesetzlichen Erfordernissen genügt, ist nach den Umständen zu

---

[1]) §. 119. Soll auf dem Kreistage Beschluß gefaßt werden:
1. über die Festsetzung des Abgaben-Vertheilungsmaßstabes in Gemäßheit des §. 12,
2. über Mehr- und Minderbelastungen einzelner Kreistheile in Gemäßheit des §. 13,
3. über solche Gegenstände, welche Kreisausgaben nothwendig machen, die nicht auf einer gesetzlichen Verpflichtung des Kreises beruhen,

so ist ein ausführlicher Vorschlag zu dem Beschlusse, welcher über
a) den Zweck desselben,
b) die Art der Ausführung,
c) die Summe der zu verwendenden Kosten,
d) die Aufbringungsweise

das Nöthige enthält, von dem Kreisausschusse auszuarbeiten und jedem Abgeordneten mindestens 14 Tage vor Abhaltung des Kreistages schriftlich zuzustellen. Die Frist darf bis zu drei Tagen abgekürzt werden, wenn einem Nothstande vorgebeugt oder abgeholfen werden soll.

beurtheilen; das Gesetz läßt selbst einen ziemlich weiten Spielraum, indem es nur ausspricht, es solle der Vorschlag über Zweck des Beschlusses u. s. w. „das Nöthige" enthalten.

b) Zu einem Beschlusse, „durch welchen eine Veränderung des festgestellten Vertheilungmaßstabes für die Kreisabgaben (§. 12) eingeführt werden soll," ist nach §. 124[1]) eine Stimmenmehrheit von mindestens zwei Drittel der Abstimmenden erforderlich. Danach ist ohne Weiteres klar, daß für die erstmalige Feststellung des Maßstabes, wenn sie bis zum 30. Juni 1874 geschieht, einfache Stimmenmehrheit hinreicht. M. Erl. v. 13. April 1874. M. Bl. S. 104. Dasselbe wird aber auch gelten müssen, wenn ein Maßstab zum ersten Male nach dem genannten Zeitpunkte beschlossen wird. Zwar besteht dann kraft des Gesetzes ein Maßstab, welcher durch den Beschluß abgeändert wird; aber dieser gesetzliche Maßstab ist nicht ein „festgestellter" Maßstab. Denn aus der Gegenüberstellung der beiden Absätze 2 u. 3 im §. 12 muß man folgern, daß unter jener Bezeichnung im Absatz 3 nur ein vom Kreistage beschlossener Maßstab zu verstehen ist, und in diesem Sinne hat man daher den Ausdruck auch im §. 124 zu nehmen.

Ein Beschluß, durch welchen eine Mehr- oder Minder-

---

[1]) §. 124. Die Beschlüsse des Kreistages werden nach Mehrheit der Stimmen gefaßt. Bei Stimmengleichheit gilt der Antrag als abgelehnt.

Zu einem Beschlusse, durch welchen eine neue Belastung der Kreisangehörigen ohne eine gesetzliche Verpflichtung oder eine Veräußerung vom Grund- oder Kapitalvermögen des Kreises bewirkt oder eine Veränderung des festgestellten Vertheilungsmaßstabes für die Kreisabgaben (§. 12) eingeführt werden soll, ist jedoch eine Stimmenmehrheit von mindestens zwei Drittel der Abstimmenden erforderlich.

belastung eingeführt oder umgestaltet wird, ändert den allgemeinen Maßstab nicht ab, erfordert also ebenfalls keine Zweidrittelmehrheit. Dies wird übrigens durch die Verweisung auf den §. 12 im §. 124 noch besonders klargestellt.

Daß Beschlüsse, welche der im Gesetz vorgeschriebenen Mehrheit entbehren, keine Gültigkeit besitzen können, ist selbstverständlich.

c) Die Beschlüsse über den Maßstab bedürfen an sich keiner Bestätigung. Ausnahmsweise verlangt eine solche — und zwar durch den Minister des Innern — der §. 176 [1]) no. 2 für Beschlüsse, welche die Mehr- oder Minderbelastung einzelner Kreistheile betreffen. Das bezieht sich nach dem Wortlaute sowohl auf die erste Einführung wie auf etwaige spätere Abänderungen der Belastung und gewährt insofern einigen Schutz gegen die Gefahren, denen in Bezug auf den allgemeinen Maßstab durch die Bestimmungen im §. 12 Abs. 3 (Revision von fünf zu fünf Jahren) und im §. 124 (Zweidrittelmehrheit) vorgebeugt werden soll [2]).

Die Nichtigkeit unbestätigter Beschlüsse ist hier durch das Gesetz noch besonders ausgesprochen. Wird ein Beschluß nur theilweise oder unter bestimmten Maßgaben bestätigt, so

---

[1]) §. 176. Beschlüsse des Kreistages, welche folgende Angelegenheiten betreffen:

2. Mehr- oder Minderbelastung einzelner Kreistheile (§. 13);

. . . .

bedürfen . . . . in den Fällen zu 2 der Bestätigung des Ministers des Innern.

Ohne die vorgeschriebene Bestätigung sind die betreffenden Beschlüsse des Kreistages nichtig.

[2]) Die Fälle der Nrn. 3 und 6 des §. 176, in welchen ebenfalls eine Bestätigung vorgeschrieben ist, können nach dem Zwecke dieser Erörterungen außer Betracht bleiben.

ist jedenfalls dasjenige nichtig, was über die Bestätigung hinausgeht. E. Pr.-Eylau 14. November 1877 u. 25. April 1881. Im Uebrigen entstehen Zweifel, ob durch die Bestätigung überhaupt eine Abänderung des Beschlusses erfolgen darf. Insoweit, als die Modifikation den Beschluß selbst zu einem wesentlich anderen macht, scheint dies gewiß unstatthaft, weil dann ein Beschluß bestätigt würde, welchen der Kreistag nicht gefaßt hat; hier müßte der Beschluß, wenn er Wirksamkeit erlangen sollte, mindestens nachträglich von dem Kreistage in der neuen Form ausdrücklich gutgeheißen werden.

Durch die Bestätigung wird der Verwaltungsrichter in seinem Urtheile über die Gültigkeit des Beschlusses nicht gebunden; er hat vielmehr auch einem bestätigten Beschlusse die rechtliche Wirksamkeit zu versagen, wenn er findet, daß der Beschluß mit dem Gesetze nicht in Einklang steht. E. II. 112.

d) Nach §. 125 Abs. 3[1]) ist der Inhalt der Kreistagsbeschlüsse, sofern der Kreistag nicht im einzelnen Falle etwas Anderes beschließt, in einer von dem Kreistage zu bestimmenden Weise zur öffentlichen Kenntniß zu bringen. Unterbleibt die Veröffentlichung, so kann deshalb der Beschluß nicht einstweilen als unwirksam behandelt werden; denn die Veröffentlichung hat nach den Motiven zum §. 103 des I. Entwurfs, aus welchem die Vorschrift hervorgegangen ist, nur den Zweck, eine regere Theilnahme an den Angelegenheiten des Kreises zu erwecken; deshalb ist dem Kreistage auch freigestellt, von ihr je nach den Umständen ganz abzusehen. — Daß die Bestätigung bekannt gemacht werden müßte, ist im Gesetze

---

[1]) §. 125 Abs. 3. Der Inhalt der Kreistagsbeschlüsse ist, sofern der Kreistag nicht in einem einzelnen Falle etwas Anderes beschließt, in einer von dem Kreistage zu bestimmenden Weise zur öffentlichen Kenntniß zu bringen.

nicht angeordnet; immerhin mag aber auch hierfür eine Veröffentlichung angemessen sein. E. VII. 50, 51.

4. Soweit sich nicht aus dem Gesetze Beschränkungen ergeben, ist die Beschlußfassung über den Maßstab lediglich ins Ermessen des Kreistages gestellt. Die Thatsache, daß er von der ihm zustehenden Befugniß keinen Gebrauch macht, giebt ebensowenig wie die Art und Weise, in welcher er etwa davon Gebrauch macht, dem Abgabepflichtigen ein Recht, sich der auf ihn fallenden Kreissteuer zu entziehen; höchstens möchte darin ein Anlaß zur Beschwerdeführung bei der Aufsichtsbehörde, deren Einwirkung freilich durch das Gesetz auf ein höchst bescheidenes Maß herabgedrückt ist, gefunden werden können. Insbesondere gilt dies von der Ermächtigung des Kreistages, für Verkehrsanlagen einen besonderen Maßstab und für einzelne Kreistheile eine Mehr- oder Minderbelastung zu beschließen; kein Kreisangehöriger kann eine Steuerüberbürdungsklage darauf stützen, daß der Kreistag zu Unrecht unterlassen habe, derartige Anordnungen zu treffen. E. III. 45. Auch die Grundsätze, nach welchen die Mehr- oder Minderbelastung gegebenen Falls im Einzelnen durchgeführt werden soll, hängen, da das Gesetz hierüber schweigt, an sich rein von der pflichtmäßigen Erwägung des Kreistages ab; nur kann hier eine Korrektur durch Versagung der ministeriellen Bestätigung eintreten. Dem Kreistage steht es somit frei, die Einreihung der Beitragspflichtigen in die verschiedenen, von ihm für zweckmäßig erachteten Interessentenklassen entweder selbst vorzunehmen oder dem Kreisausschusse bez. einer besonders hierzu berufenen Kommission — sei es völlig selbständig, sei es unter Beobachtung einer näheren Anweisung — zu überlassen. Mit einer Klage im Verwaltungsstreitverfahren können die desfallsigen Maßregeln

nicht angegriffen werden; E. V. 59; sofern ein Betheiligter etwa glaubt, durch eine Entscheidung des Kreisausschusses oder der Kommission in seinen berechtigten Ansprüchen zurückgesetzt zu sein, muß er sich um Abhülfe an den Kreistag wenden; auch wo er die Verletzung einer vom Kreistage für das Verfahren des Kreisausschusses rc. aufgestellten Norm behauptet, bleibt ihm nur dieser Weg.

C. Die Veranlagung der Kreisabgaben.

1. Die Veranlagung der Kreisabgaben erfolgt nach §. 134 durch den Kreisausschuß. Sie erfordert eine wesentlich verschiedene Thätigkeit, jenachdem es sich um physische Personen, welche im Kreise einen Wohnsitz haben und daselbst zu den persönlichen Staatssteuern veranlagt sind, — Kreisangehörige im engeren Sinne — oder um andere Beitragspflichtige — Forensen, juristische Personen rc. — handelt. Bei den ersteren ist die Steuer, von welcher die Kreisabgabe als Zuschlag gehoben wird, bereits in den Staatssteuerrollen gegeben und es bedarf, um den Betrag der Kreisabgabe festzustellen, lediglich einer Rechenarbeit. Davon findet eine Ausnahme nur in zwei Fällen statt, einmal wenn nach §. 16 zur Vermeidung einer Doppelbesteuerung desselben Einkommens der Staatssteuersatz herabgesetzt werden muß, und zweitens, wenn eine durch die §§. 17 u. 18 anerkannte Befreiung von Kreisabgaben zu berücksichtigen ist. Bei den Forensen, juristischen Personen rc. kann der zu Grunde zu legende Staatssteuersatz gleichfalls feststehen; dann hat auch der Kreisausschuß bei ihrer Veranlagung keine besondere Wirksamkeit zu entfalten. Soweit sie aber zu den für die Kreisabgaben in Betracht

kommenden Staatssteuern nicht schon unmittelbar herangezogen sind, muß der Kreisausschuß zunächst den Prinzipalsteuersatz, von welchem sodann der Zuschlag zu berechnen ist, durch eigene — fingirte — Einschätzung feststellen. Die erwähnten Befreiungen sind auch hier zu beachten; dagegen kommt der §. 16 nicht zur Anwendung.

2. Die K.O. braucht den Ausdruck: „Kreisangehörige“ nicht gleichmäßig. Sie giebt zwar im §. 6 eine Begriffsbestimmung der Kreisangehörigkeit, redet aber demnächst wiederholt von Kreisangehörigen in einer Bedeutung, welche sich mit dem im §. 6 aufgestellten Begriffe nicht deckt; es werden dann hierunter alle solche Personen ꝛc. mitverstanden, welche den eigentlichen Kreisangehörigen in der betr. Beziehung durch das Gesetz gleichgestellt sind. In diesem Sinne kommt der Ausdruck namentlich noch in den von der Kreisbesteuerung handelnden Paragraphen vor. Schon der an der Spitze stehende §. 9, welcher im Allgemeinen die Verpflichtung der „Kreisangehörigen“ zur Aufbringung von Kreisabgaben ausspricht, muß unter diesem Worte die Forensen ꝛc. mitumfassen, da er sonst gegenüber dem §. 14 unvollständig und ungenau sein würde. Noch schärfer tritt das gleiche Verfahren des Gesetzgebers im §. 10 Abs. 1 hervor; denn hier wird der Satz, daß die Vertheilung der Kreisabgaben nach dem Verhältnisse der von den „Kreisangehörigen“ zu entrichtenden direkten Staatssteuern zu erfolgen habe, sofort durch einen Zusatz erläutert, welcher ausdrücklich der Forensen ꝛc. gedenkt. — Für die nachfolgenden Untersuchungen erscheint es daher zweckmäßig, von der Sprechweise der K. O. abzusehen und eine Unterscheidung zu machen, welche sich aus dem der K. O. eigenthümlichen Begriffe der Forensen ergiebt. Man gelangt in Folge dessen zu der

bereits in der Bem. 1 charakterisirten und verwertheten Gegenüberstellung von Kreisangehörigen im engeren Sinne einerseits und von den im §. 14 aufgeführten Forensen, juristischen Personen 2c. andererseits.

I. Die Veranlagung der Kreisangehörigen im engeren Sinne.

a) Im Allgemeinen.

1. „Angehörige des Kreises sind, mit Ausnahme der nichtangesessenen servisberechtigten Militairpersonen des aktiven Dienststandes, alle diejenigen, welche innerhalb des Kreises einen Wohnsitz haben" (§. 6). Die Definition beruht nach den Motiven zum I. Entwurfe darauf, daß die Kreisangehörigkeit mit der Gemeindeangehörigkeit hat in Uebereinstimmung gebracht werden sollen. Nothwendige Voraussetzung für die Kreisangehörigkeit ist demnach Wohnsitz im Kreise.

Die an sich dem materiellen Rechte angehörende Lehre vom Wohnsitze ist in der Allgemeinen Gerichtsordnung Th. I Tit. 2. §§. 10 ff. in Verbindung mit den Vorschriften über den Gerichtsstand abgehandelt. Vgl. Bornemann, Erörterungen im Gebiete des Preuß. Rechts Heft I S. 141 ff.; Koch, Privatrecht §. 219; Förster, Privatrecht Bd. I S. 50 Note 8; M. Erl. v. $\frac{1}{21}$ August 1840 M. Bl. S. 282; v. 14. März 1844 M. Bl. S. 167; v. 10. October 1855 S. 178. Hat nun auch die Deutsche Reichs-Civil-Prozeßordnung vom 30. Januar 1877 Buch I Absch. 2. Tit. 2 die Lehre vom Gerichtsstande neu geordnet, so sind doch hierdurch die Bestimmungen hinsichtlich des bürgerlichen Wohnsitzes nicht berührt worden und folglich unverändert geblieben. In der Rechtsprechung des O. V. G. ist diese Auffassung freilich nicht immer anerkannt, sie dürfte aber im Allgemeinen nicht wohl zu bestreiten sein; zweifelhaft kann dagegen erscheinen, inwieweit die Allgem. Gerichtsordnung sich in den einzelnen Vorschriften mit einer Regelung des Wohnsitzes beschäftigt oder nur die Feststellung des Gerichtsstandes im Auge hat. Basch, die Allgem. Gerichtsordnung in ihrer heutigen Gestalt und Geltung, führt als noch in Kraft stehend die §§. 10. 11. 12. 14 u. 15[1]) auf. Ob das zutrifft, ob namentlich auch der §. 15, welcher nur vom persönlichen Gerichtsstande redet, hieher zu rechnen ist, kann dahingestellt bleiben; denn inhaltlich weicht das gemeine Recht, auf welches beim Mangel ausdrücklicher Normen in der Preuß. Gesetzgebung zurückzugehen wäre, von den Grundsätzen der Allgem. Gerichtsordnung nicht ab, insonderheit kennt es ebenfalls einen doppelten Wohnsitz,

---

[1]) §. 10. Die Absicht, seinen beständigen Wohnsitz an einem Orte nehmen zu wollen, kann sowohl ausdrücklich, als durch Handlungen oder Thatsachen geäußert werden.

§. 11. Für eine solche stillschweigende Aeußerung ist es zu achten, wenn jemand an einem gewissen Orte ein Amt, welches seine beständige Gegenwart daselbst erfordert, übernimmt, Handel oder Gewerbe daselbst zu treiben anfängt oder sich daselbst alles, was zu einer eingerichteten Wirthschaft gehört, anschafft.

§. 12. Auch die Uebernehmung einer Pacht, verbunden mit dem persönlichen Aufenthalte auf dem gepachteten Gute, begründet den Wohnsitz des Pächters, insofern nicht besondere Verabredungen wegen der Gerichtsbarkeit getroffen werden.

§. 14. Außerdem kann daraus, daß jemand, selbst eine geraume Zeit hindurch, wegen seiner Geschäfte oder Gesundheit, oder wegen Studirens, oder um einem drohenden Arrest, einer Kriegs- oder anderen Gefahr zu entgehen, an einem Orte sich aufhält, die Aufschlagung eines beständigen Wohnsitzes daselbst noch nicht gefolgert werden.

§. 15. Wer an zwei verschiedenen Orten völlig eingerichtete Wirthschaften hat und abwechselnd bald an dem einen, bald an dem anderen Orte sich aufhält oder Gewerbe treibt, muß die Gerichte beider Orte als seinen persönlichen Gerichtsstand anerkennen; und es hängt von der Wahl des Klägers ab, wo ihn derselbe belangen will.

wie ihn §. 15 a. a. O. konstruirt, und stellt dafür auch keine anderen Anforderungen auf. Die K. O. geht übrigens selbst von der Möglichkeit eines doppelten Wohnsitzes aus; gerade um Fälle der Art zu decken, änderte das A. H. in der Sitzung vom 9. November 1869 (Sten. Ber. S. 408) die Worte des I. Entwurfs: „welche innerhalb des Kreises ihren Wohnsitz haben" ab in die jetzige Fassung des Gesetzes: „welche innerhalb des Kreises einen Wohnsitz haben".

2. Die Kreisabgabenpflicht kann also nicht daraus allein abgeleitet werden, daß Jemand in dem Kreise zu den persönlichen Staatssteuern veranlagt ist. Denn durch letzteres wird ein Wohnsitz nicht begründet. Allerdings soll nach den bestehenden Vorschriften die Veranlagung der persönlichen Staatssteuer in der Regel am Wohnsitze des Steuerpflichtigen erfolgen; allein einestheils läßt sich dieser Grundsatz nicht ausnahmslos durchführen — die Steuerbehörde muß sich öfters an den zeitigen Aufenthaltsort ꝛc. halten — anderentheils sind auch die Maßnahmen der Steuerbehörden für das Verfahren des Kreisausschusses und die Beurtheilung des Verwaltungsrichters nicht ausschlaggebend. E. I. 79; VIII. 20.

Man hat hie und da versucht, die Kreisabgabenpflicht in dem beregten Falle durch Bezugnahme auf den Eingang des §. 14 zu rechtfertigen. Hier werden zu den Forensen diejenigen physischen Personen gezählt, „welche, ohne in dem Kreise einen Wohnsitz zu haben bez. in demselben zu den persönlichen Staatssteuern veranlagt zu sein, in demselben Grundeigenthum besitzen" u. s. w. Daraus ist gefolgert, daß die im Kreise zu den persönlichen Staatssteuern Veranlagten den Personen mit Wohnsitz im Kreise gleichgestellt seien. Es mag auch zugegeben werden, daß der Sinn der Vorschrift, wenn man blos die Worte ins Auge faßt, einigermaßen dunkel ist. Wie aber von vorn herein die Vermuthung dagegen spricht, daß der Gesetzgeber durch den mit „beziehungsweise" eingeleiteten Zwischensatz eines lediglich von den Forensen ꝛc. handelnden Paragraphen den im §. 6 aufgestellten Begriff der Kreisangehörigkeit grundsätzlich habe ausdehnen wollen, so lassen auch die Motive zu dem entsprechenden §. 12 des I. Entwurfs klar erkennen, daß hier eine ganz andere Absicht obgewaltet hat, daß der Zwischensatz nämlich zunächst mit Rücksicht auf diejenigen Personen eingefügt ist, welche einen Wohnsitz in verschiedenen Kreisen haben. Diese sollen in dem Kreise, wo sie nicht zu den persönlichen Staatssteuern veranlagt sind, den Forensen gleichbehandelt werden. E. I. 36. 37; VIII. 19. Hieraus ist für die vorliegende Abhandlung der Begriff der Kreisangehörigen im engeren Sinne d. h. derjenigen physischen Personen, welche nicht blos Wohnsitz im Kreise haben, sondern dort auch zu den persönlichen Staatssteuern veranlagt sind, abgeleitet.

3. Eine besondere Stellung nehmen die servisberechtigten Militairpersonen des aktiven Dienststandes ein. Ein Verzeichniß derselben findet sich in Beilage I des Reichs-Gesetzblattes vom 3. August 1878 (S. 243). Sie sind an sich nicht kreisangehörig, werden es aber durch Angesessenheit im Kreise. Der Ausdruck ist in den Motiven zum I. Entwurfe (§. 5) näher erläutert; danach genügt neben dem Besitz von Grundeigenthum im Kreise — der schon nach dem gewöhnlichen Sprachgebrauche die Angesessenheit begründet — auch der Betrieb eines stehenden Gewerbes innerhalb des Kreises. Das entspricht der Verordnung vom 22. November 1868 (B. G. Bl. S. 571) und der damit im ganzen Bundesgebiete für die Heranziehung der Militairpersonen zu den Kommunallasten eingeführten Verordnung vom 23. September 1867

§. 1. Nr. 1. Hiernach brauchen die fr. Militairpersonen nur „zu den auf den Grundbesitz oder das stehende Gewerbe oder das aus diesen Quellen fließende Einkommen gelegten Kommunallasten“ beizutragen, sind dagegen sowohl hinsichtlich ihres dienstlichen wie sonstigen Einkommens befreit. Fehlte es an dieser dem Landesrechte vorgehenden reichsgesetzlichen Anordnung, so würde die Fassung des §. 6 zu wesentlichen Bedenken Anlaß geben. Denn dadurch werden die angesessenen Militairpersonen — ihren Wohnsitz im Kreise vorausgesetzt — einfach für kreisangehörig erklärt; sie hätten folglich nach §. 10 nicht blos von dem Einkommen aus ihrem im Kreise befindlichen Grundeigenthum und Gewerbe, sondern auch von dem übrigen persönlichen Einkommen zu steuern, soweit letzteres nicht nach §. 18 freigelassen werden muß; das im §. 18 angezogene Gesetz vom 11. Juli 1822 enthält aber nur eine Befreiung der von den Militairpersonen bezogenen Besoldungen und Emolumente; Einkommen aus Zinsen, Renten ꝛc. wäre daher steuerpflichtig. Die Staatsregierung hat freilich nach den Aeußerungen des Regierungs-Kommissars in der Sitzung des A. H. vom 22. November 1872 (Sten. Ber. S. 69) diese anscheinend unvermeidliche Konsequenz nicht gezogen; vielmehr soll in dem Gesetze nur festgestellt sein, daß die Militairpersonen an allen Kreisabgaben Theil zu nehmen haben, welche auf den Grundbesitz (soll wohl heißen: Grundbesitz und Gewerbe) oder das aus dieser Quelle fließende Einkommen gelegt werden.

b) Unzulässigkeit einer Doppelbesteuerung desselben Einkommens (§. 16).

1. Der Grundsatz, daß Doppelbesteuerungen überhaupt nicht vorkommen sollen, findet sich in der K. O. nicht; selbst

eine Doppelbesteuerung desselben Einkommens ist nicht ganz ausgeschlossen. Nach dem Marginale zum §. 16, wie es in der Ueberschrift wiedergegeben worden, sollte man freilich meinen, der Gesetzgeber habe sie unter allen Umständen für unzulässig erklären wollen; er ist sich aber im Gegentheil der Möglichkeit einer mehrfachen Heranziehung desselben Einkommens wohl bewußt gewesen; namentlich kommt in den Verhandlungen zur Sprache, daß ein Einkommen, welches der Kreisbesteuerung bereits bei Veranlagung der Aktiengesellschaften oder Bergwerksgewerkschaften unterworfen worden ist, durch Heranziehung der Aktionäre bez. Gewerke zum zweiten Male von der Kreisabgabenpflicht getroffen werden kann. Der I. Entwurf hielt es deshalb für nöthig, in solchen Fällen den Aktionären ꝛc. ein Recht auf Befreiung des in Rede stehenden Einkommens besonders einzuräumen; die betr. Bestimmung wurde aber später gestrichen (Sitzung des A. H. v. 18. März 1872 Sten. Ber. S. 1333 ff.; des H. H. vom 24. u. 25. October 1872 Sten. Ber. S. 426. 443. 446 ff.; Nr. 116 der Drucksachen des H. H. 1871/2 S. 35 ff.). E. II. 46; IV. 50. 51.

2. Der §. 16 will somit nur eine doppelte Besteuerung desselben Einkommens in derselben Person verhüten, wie sie ohne eine desfallsige Vorschrift sich bei der forensischen Einkommensbesteuerung für den Kreisangehörigen mit einem aus verschiedenen Kreisen stammenden Einkommen in Folge des allgemeinen Grundsatzes, daß seine Kreisabgaben sich nach den von ihm zu zahlenden direkten Staatssteuern richten, ergeben würde. Ist der §. 16 hiernach auch lediglich eine Konsequenz und nothwendige Ergänzung der Vorschriften über die Forensalbesteuerung, so bezieht er sich doch nur auf die Heranziehung des Pflichtigen im Domizilkreise. Mit

völliger Bestimmtheit weisen das die beiden letzten Sätze nach, da sie eine Anwendung auf die forensische Besteuerung nicht zulassen. E. IV. 6. 32.

3. Die Fassung des §. 16 ist keine glückliche. Der erste Satz stellt ein Prinzip auf, zu dessen Durchführung die beiden folgenden Sätze dienen sollen. Dadurch ist eine gewisse Unklarheit in Beziehung auf die Anwendung der in diesen beiden Sätzen gegebenen Vorschriften entstanden; es fragt sich, ob sie nur da, wo sonst der vorangestellte Grundsatz verletzt werden würde, oder einfach nach ihrem Wortlaute anzuwenden sind. Nimmt man ersteres an, so ist das Einkommen von auswärtigem Grundbesitze, Gewerbe- oder Bergbaubetriebe nur insoweit unberücksichtigt zu lassen, als es in einem anderen Kreise zu Kreisabgaben wirklich herangezogen wird; der Domizilkreis kann es also besteuern, wenn es nicht aus einem Landkreise, sondern aus einem Stadtkreise, wo nach §. 169 — von dem Stadtkreise Magdeburg abgesehen — keine Kreisabgaben erhoben werden können, oder aus dem Auslande — soweit das Einkommen nach §. 17 des Gesetzes vom 1. Mai 1851 bei Veranlagung der Staatseinkommensteuer mitgetroffen ist — herrührt oder wenn der Landkreis thatsächlich das Einkommen nicht belastet. Bei der entgegengesetzten Auslegung muß dagegen das bezeichnete auswärtige Einkommen stets freigelassen werden. Das O. V. G., welches mehrfach ausgesprochen hat, der §. 16 dürfe zufolge §. 169 Abs. 2 auf Stadtkreise nicht bezogen werden (E. VI. 32; Königsberg 20. Oktober 1877; Kattowitz 6. Mai 1878), scheint sich hiermit der ersteren Auffassung angeschlossen zu haben; dem stehen aber erhebliche Bedenken entgegen. Das im ersten Satze enthaltene Prinzip ließ sich in verschiedener Weise verwirklichen. Der I. Entwurf schlug einen anderen

Weg ein, als das Gesetz; er gab dem Kreisangehörigen das Recht, darauf anzutragen, daß sein auswärtiges Einkommen außer Ansatz gelassen werde; man hätte auch im Anschluß an den erwähnten §. 17 des Gesetzes v. 1. Mai 1851 anordnen können, der Pflichtige müsse den Nachweis führen, daß sein fr. Einkommen auswärts besteuert werde. Statt dessen schreibt §. 16 einfach vor: das auswärtige Einkommen muß freigelassen werden. Dies erscheint zunächst als eine Anweisung für den Kreisausschuß in seiner Eigenschaft als Veranlagungsbehörde und sie ist ihrem Wortlaute nach so unzweideutig, daß ihr nur schwer der Sinn untergeschoben werden kann, in gewissen Fällen dürfe der Kreisausschuß davon abweichen und brauche das auswärtige Einkommen nicht freizulassen. Diese Fälle müßte man erst aus dem voraufgehenden ersten Satze heraus entwickeln; die beiden letzten Sätze wären dann dahin zu deuten, daß der Kreisausschuß an sie nicht gebunden sei, sofern er vorher festgestellt habe, daß das auswärtige Einkommen nicht aus einem Landkreise stamme oder daß es dort thatsächlich nicht herangezogen werde. Wie wenig das mit den Worten zu vereinigen ist, leuchtet ein. Es liegt daher die Annahme ungemein nahe, der Gesetzgeber habe von den verschiedenen, sich darbietenden Wegen, um eine Doppelbesteuerung zu vermeiden, den einfachsten und zugleich sichersten gewählt, indem er den Kreisausschuß verpflichtete, das auswärtige Einkommen von vorn herein auszuscheiden. Daß ihm die Absicht vorgeschwebt hätte, einen Unterschied zu machen, jenachdem der auswärtige Kreis sein Besteuerungsrecht zur Geltung bringe oder nicht, dafür fehlt es in dem Gesetz an jeder Andeutung. Allerdings kann man auf der anderen Seite anführen, daß, wenn man lediglich bei den letzten beiden Sätzen stehen bleibt, der erste

Satz sich mehr oder weniger als ein überflüssiger gesetzgeberischer Monolog darstellt. Das Gewicht dieses Moments soll nicht verkannt werden; es erscheint aber gegenüber den geltend gemachten Gründen schon an sich kaum durchschlagend und wird außerdem durch eine der Entstehungsgeschichte entnommene Erwägung völlig aufgewogen. Wenn auch die hier erörterte Frage in den Verhandlungen der gesetzgebenden Körper nicht speziell berührt ist, so hat man doch die ganze forensische Einkommensbesteuerung und damit auch die Vorschrift des §. 16 aus den Städteordnungen und den Landgemeindeordnungen für die beiden westlichen Provinzen herübergenommen oder wenigstens zu einem wesentlichen Theile mit den Bestimmungen dieser Gesetze zu rechtfertigen gesucht. (Vgl. z. B. die Rede des Berichterstatters in der Sitzung des A. H. v. 18. März 1872 Sten. Ber. S. 1330 ff.) In den Gemeindegesetzen sind nun zwei verschiedene Systeme vertreten. Die Städteordnungen für die sechs östlichen Provinzen und für die Provinz Westfalen enthalten ebenso wie die Landgemeindeordnung für letztere Provinz lediglich die Vorschrift, daß bei den Zuschlägen zur Klassen- und klassifizirten Einkommensteuer das außerhab der Gememeinde belegene Grundeigenthum außer Berechnung bleiben müsse und daß die gleiche Beschränkung auch bei den besonderen Kommunalsteuern gelte. Hiernach darf, wie niemals bestritten ist, das Einkommen von auswärtigem Grundbesitze unter keinen Umständen besteuert werden. Dagegen sind in der Städteordnung für die Rheinprovinz, in dem Gesetze vom 15. Mai 1856, betr. die Gemeindeverfassung in der Rheinprovinz, in dem Gemeindeverfassungsgesetze für die Stadt Frankfurt a. M. v. 25. März 1867 und in dem Städtegesetze für die Provinz Schleswig-Holstein v. 14. April 1869 wegen des Einkommens von auswärtigem Grundbesitze und Gewerbebetriebe nähere Vorschriften gegeben, wonach die Freilassung keine unbedingte ist, vielmehr von verschiedenen Voraussetzungen, insbesondere auch von der Höhe des in der fremden Gemeinde zu zahlenden Steuerbetrages abhängt. Fragt man nun, welchem dieser beiden Systeme die K. O. gefolgt ist, so kann es nicht wohl einem Zweifel unterliegen, daß man sich an die zuerst genannten Gesetze, deren vorzugsweise Berücksichtigung auch schon wegen der geographischen Beziehung angezeigt war, angelehnt und nur dasjenige, was hier wegen des Einkommens aus Grundeigenthum geordnet ist, auf das Einkommen aus Gewerbe und Bergbau ausgedehnt hat. Es wäre in der That kaum erklärlich, warum man von einer Aufnahme der in den letztgenannten Gesetzen befindlichen genaueren Vorschriften oder von einer Einfügung ähnlicher Normen sollte abgesehen haben, wenn man nicht der Anschauung gehuldigt hätte, daß ein von auswärts stammendes Einkommen immer freizulassen sei.

Was die Bezugnahme auf den §. 169 Abs. 2 anlangt, so möchte derselben keine besondere Bedeutung beizulegen sein. Die Stadtkreise dürfen danach Steuern, welche etwa als Kreisabgaben betrachtet werden könnten, weil sie zur Deckung von Kosten, die gesetzlich den Kreisen obliegen, bestimmt sind, nicht nach Abschnitt 2 des Tit. I der K. O. erheben; sie haben vielmehr alle ihre Steuern nach Maßgabe der für die Gemeindebesteuerung bestehenden Bestimmungen aufzubringen. Wenn dieser Sinn des §. 169 Abs. 2 nach dem ganzen Zusammenhange noch irgend fraglich sein könnte, so würde die Entstehungsgeschichte jeden Zweifel abschneiden. Die Vorschrift wurde von der Kommission des A. H. bei Berathung des II. Entwurfes (als §. 17) eingeschoben und von dem Berichterstatter damit motivirt, daß es Unzuträglichkeiten herbeiführen werde, wenn in einer Stadt, je nachdem sie sich als Stadt oder als Kreis betrachte, zwei verschiedene Steuersysteme zur Anwendung kämen. Sten. Ber. S. 1335. Die Stadtkreise stehen demnach zum §. 16 nicht anders, als die Landkreise in denjenigen Provinzen, für welche die K. O. nicht gilt; es wäre aber mehr als auffallend, wenn man den §. 16 z. B. da für unanwendbar erklären wollte, wo es sich um Einkommen aus Grundbesitz handelt, der in Posen oder den westlichen Provinzen belegen ist.

Uebrigens hat das O.V.G. anerkannt, daß auswärtiges Einkommen aus Grundbesitz oder Gewerbebetrieb auch dann abzusetzen sei, wenn der Grundbesitz ꝛc. innerhalb städtischen Gebietes liegt und die Stadt das Kreisabgabensoll auf den Haushaltsetat übernommen hat, also von dem Pflichtigen keine Kreis-, sondern nur Gemeinde-Abgaben entrichtet werden (vgl. unten Bem. zu D. 5). Gestützt wird diese Entscheidung darauf, daß in den Gemeindesteuern die Kreisabgaben mitenthalten seien. E. VIII. 66.

4. Behufs Ermittelung des Kreisabgabenbetrages muß

a) zunächst der Hauptfaktor der vorgeschriebenen Berechnung, das zur Staatssteuer veranlagte Gesammteinkommen, gefunden,

b) sodann die bezügliche Einkommensquote d. h. derjenige Theil des Gesammteinkommens, welchen die auswärtigen Einkommensquellen liefern, festgestellt und

c) endlich der Staatssteuersatz verhältnißmäßig herabgesetzt werden.

Die beiden, unter a) u. b) genannten Faktoren ergeben sich nicht unmittelbar aus der Staatssteuerveranlagung, soweit diese in die Oeffentlichkeit tritt. Dem Pflichtigen wird nur die Steuerstufe mitgetheilt und diese umfaßt mehr oder minder weit auseinanderliegende Einkommensbeträge; der Zensit erhält daher keine Kenntniß von dem in bestimmten Ziffern ausgedrückten Einkommen, welches die Einreihung in der Stufe zur Folge gehabt hat, und von denjenigen Einzel-Erträgen, welche auf die verschiedenen Einkommensquellen gerechnet sind. Dagegen werden die erforderlichen Summen der Regel nach aus den bei der Staatssteuer-Einschätzung aufgestellten Einkommens-Nachweisungen entnommen werden können und die letzteren pflegen dem Kreisausschusse durch Vermittelung des Landraths zur Verfügung gestellt zu werden [1]). Soweit danach die Zahlen dem Kreisausschusse vorliegen, scheint es auf den ersten Blick dem Wortlaute des §. 16 und den Grundgedanken der K. O., wie sie in den §§. 10 u. 15 zum Ausdruck gelangt sind, am meisten zu entsprechen, wenn der Kreisausschuß einfach bei den von der Staatssteuer-Einschätzungs-Kommission angenommenen Beträgen stehen bleibt. Der Pflichtige selbst kann indeß unmöglich verpflichtet sein, sie anzuerkennen; denn er erfährt, wie bemerkt, bei dem gewöhnlichen Veranlagungsverfahren davon nichts und ist selbst dann, wenn ihm ausnahmsweise — etwa im Verlaufe der Reklamationsverhandlungen — die Zahlen bekannt werden, keineswegs immer in der Lage, dieselben anzufechten; falls nur sein Gesammteinkommen in die

[1]) Ob dem etwa §. 32 des Gesetzes vom 1. Mai 1851 entgegensteht, ist hier nicht zu erörtern; es mag bei dieser Gelegenheit nur darauf hingewiesen werden, daß die Geheimhaltung der Einkommensverhältnisse der Zensiten, wie sie in diesem §. vorgesehen ist, jedenfalls dann unthunlich ist, wenn ein Kreisangehöriger gegen die ihm auferlegte Kreisabgabe klagt, da im Verwaltungsstreitverfahren die Oeffentlichkeit nur aus Gründen des öffentlichen Wohles oder der Sittlichkeit ausgeschlossen werden kann.

Stufe fällt, zu welcher er eingeschätzt ist, kann er sich nicht dagegen wehren, daß sein Einkommen im Ganzen zu hoch berechnet oder die Vertheilung auf die einzelnen Einkommensquellen unrichtig vorgenommen ist. Es muß ihm daher gegenüber seiner Veranlagung zu den Kreisabgaben freistehen, dergleichen Irrthümer aufzudecken und ihre Berichtigung zu fordern. Dies beweist aber, daß den von der Staatssteuer-Einschätzungs-Kommission angenommenen Zahlen nicht dieselbe Bedeutung, wie der Steuerveranlagung selbst, zukommt und daß folglich den in den §§. 10 u. 15 niedergelegten Prinzipien Genüge geschieht, wenn man den Kreisausschuß für gebunden an die festgesetzte Staatssteuer*stufe* erklärt. Dafür spricht denn auch entschieden, daß eine Verpflichtung des Kreisausschusses, die Staatssteuer-Einkommensnachweisungen einzusehen, weder aus dem §. 16 noch aus sonstigen Vorschriften der K. O. abzuleiten sein möchte; daß aber, wenn man eine solche Verpflichtung nicht anerkennt, das Maß seiner Berechtigung nicht wohl davon abhängig gemacht werden kann, ob ihm zufällig die Nachweisung vorgelegen hat oder nicht. Wollte man behaupten, der Ausdruck: „das zur Staatssteuer veranlagte Gesammteinkommen" passe hierzu nicht, so wäre zu entgegnen, daß dieses Gesammteinkommen nach den Vorschriften der Staatssteuergesetzgebung nicht durch einen bestimmten, ziffernmäßig ausgedrückten Betrag, sondern durch das Einkommen in dem Umfange dargestellt wird, wie ihn die Minimal- und Maximalsumme der betr. Steuerstufe abgrenzt. Recht deutlich tritt das in solchen, erfahrungsmäßig nicht selten vorkommenden Fällen zu Tage, wo die Einkommens-Nachweisungen die erforderlichen genaueren Zahlen nicht enthalten; hier fehlt es an jenem ziffernmäßigen Betrage, welchen der Kreisausschuß seiner Berechnung zu Grunde legen könnte;

er ist also darauf angewiesen, sowohl den Hauptfaktor, das Gesammteinkommen, als auch den von auswärts bezogenen Einkommenstheil selbst festzustellen.

In Betreff des Hauptfaktors wird es nun dem Kreisausschusse unbenommen sein, von dem höchsten in die Steuerstufe fallenden Gesammteinkommen auszugehen und abzuwarten, daß der Pflichtige im Wege des Einspruchs ein geringeres Einkommen nachweist. E. VIII. 66. Bei Ermittelung des auswärtigen Einkommens verfährt der Kreisausschuß als selbständige Veranlagungsbehörde nach den Grundsätzen, wie sie für die Staatssteuer-Einschätzung gelten, also wie bei Einschätzung der Forensen, juristischen Personen ꝛc., in Gemäßheit des §. 15; er braucht daher auch auf die Veranlagung der auswärtigen Behörde, wodurch anderenfalls sein Besteuerungsrecht ganz unwirksam gemacht oder auf ein zweifellos ungerechtfertigtes Maß herabgedrückt werden könnte, keine Rücksicht zu nehmen. E. VIII. 32, 67. Gegen eine hieraus etwa entspringende Doppelbelastung kann sich der Pflichtige genügend schützen; da er selbst seine Einkommensverhältnisse am besten kennen muß, hat er an der Stelle, wo sein Einkommen zu hoch angenommen wird, zu reklamiren. Allerdings wird er trotzdem zuweilen schlechter, als bei der Heranziehung in Einem Kreise, gestellt werden, weil die Steuersätze für die verschiedenen Theile seines Einkommens zusammengerechnet öfters einen höheren Betrag, als den Steuersatz für das Gesammteinkommen, ergeben; allein das ist eine unvermeidliche Folge der Forensalbesteuerung, welche deshalb von der Staatsregierung bei Vorlegung des II. Entwurfs als Grund gegen die Einführung der forensischen Einkommensbesteuerung überhaupt geltend gemacht wurde. Dergleichen immerhin nicht gerade erwünschte Konsequenzen treten auch noch anderweit und nicht blos auf Seiten der Pflichtigen ein; so trägt bei einer zu niedrigen Einschätzung der Domizilkreis den daraus hervorgehenden Verlust nicht blos einfach, sondern in verstärktem Grade, wenn der Zensit sein auswärtiges Einkommen voll absetzen läßt[1]).

Hinsichtlich der oben unter c berührten Rechnungsoperation wird E. VI. 7 ausgeführt, es müsse der Bruchtheil des Gesammteinkommens (Faktor b.) auf den Staatssteuersatz angewendet d. h. letzterer um ebensoviel Bruchtheile herabgesetzt werden. Dem steht allerdings der Wortlaut des Gesetzes insofern zur Seite, als §. 16 von einer „Einkommensquote" und von einer „verhältnißmäßigen" Herabsetzung des Steuersatzes redet. Man gelangt dabei indeß meistens zu einem Steuersatze, welcher mit den Steuersätzen der Staatssteuern nicht zusammenfällt, also in die Veranlagung der Kreisabgaben, welche sich sonst eng an die Staatssteuern anschließen, ein der K. O. ganz fremdes Element einführt. Erregt schon dies Bedenken, so fragt man daneben, wozu bei einer solchen Rechnungsweise der §. 16 ausdrücklich in erster Reihe eine „Absetzung der bezüglichen Einkommensquote von dem zur Staatssteuer veranlagten Gesammteinkommen" vorgeschrieben hat; diese Absetzung erfolgt nach E. VI. 7 eben nicht, sondern es wird statt dessen das Verhältniß zwischen den Faktoren a. und b. berechnet und nach diesem Verhältniß der Steuersatz ermäßigt. Danach dürfte mit „Einkommensquote" nichts anderes, als „Einkommens-

---

[1]) Beispiel: Staatssteuerveranlagung: 54 000 M. oder 21. Stufe im Domizilkreise, 54 000 M. im Forensalkreise = 108 000 M.; wirkliches Einkommen: 60 000 M. oder 22. Stufe + 60 000 M. = 120 000 M.; für den Domizilkreis bleibt 108 000 M. — 60 000 M. = 48 000 M. oder 20. Stufe.

theil" und mit „verhältnißmäßiger Herabsetzung" lediglich eine „entsprechende Herabsetzung" gemeint sein, so daß man einfach den Faktor b. von a. abzuziehen und im Steuergesetze nachzusehen hat, in welche Stufe der Rest fällt. Das O. V. G. hat denn auch sowohl in dem angezogenen Erkenntnisse wie bei anderen ähnlichen Fällen (z. B. E. Beuthen 15. Januar 1880) nebenher noch eine Rechnung nach der eben angegebenen Methode aufgestellt, um darzuthun, daß bei einem solchen Verfahren die getroffene Entscheidung sich gleichfalls rechtfertige.

II. Die Veranlagung der Forensen, juristischen Personen 2c.

Die K. O. unterwirft im §. 14 der Forensalbesteuerung zwei verschiedene Klassen

1. physische Personen, welche, ohne im Kreise einen Wohnsitz zu haben bez. in demselben zu den persönlichen Staatssteuern veranlagt zu sein, in demselben Grundeigenthum besitzen oder ein stehendes Gewerbe oder außerhalb einer Gewerkschaft Bergbau betreiben (Forensen), mit Einschluß der nicht im Kreise wohnenden Gesellschafter einer offenen Handelsgesellschaft oder einer Kommanditgesellschaft (Art. 85 u. 150 des Allgemeinen Deutschen Handelsgesetzbuchs),

2. juristische Personen, Kommanditgesellschaften auf Aktien und Aktiengesellschaften (Art. 173 u. 207 des Handelsgesetzbuchs), sowie Berggewerkschaften, welche im Kreise Grundeigenthum besitzen oder ein stehendes Gewerbe oder Bergbau betreiben. — Besonders geregelt ist die Besteuerung des Fiskus.

1. Die Forensen.

Mit der soeben wörtlich wiedergegebenen Begriffsbestimmung der Forensen weicht die K. O. von dem gewöhnlichen

Sprachgebrauche ab. Dieser versteht unter einem Forensen (Ausmärker) denjenigen, welcher in einer anderen Flur, als wo er wohnt, Grundstücke besitzt (vgl. z. B. §. 5 Nr. 2 des Gesetzes, betr. die Landgemeindeverfassungen in den sechs östlichen Provinzen vom 14. April 1856). Hierüber geht die K. O. nach einer doppelten Richtung hinaus, indem sie einmal dem Besitz von Grundstücken den Betrieb eines stehenden Gewerbes und des Bergbaus außerhalb einer Gewerkschaft gleichstellt, weiter aber auch solche Forensen kennt, die im Kreise einen Wohnsitz haben und nur daselbst nicht zu den persönlichen Staatssteuern veranlagt sind (vgl. oben Bem. zu C. I. a. 2.). Nach den Motiven zum I. Entwurf hat man dabei, wie erwähnt, an Personen mit einem Wohnsitze in verschiedenen Kreisen gedacht und ist von der Erwägung geleitet worden, daß eine Theilung des gesammten Einkommens unter die Kreise erhebliche Schwierigkeiten herbeiführen müsse, der Hauptwohnsitz aber regelmäßig in demjenigen Kreise liegen werde, in welchem die Veranlagung zu den persönlichen Staatssteuern erfolgt sei. Die Fälle des mehrfachen Wohnsitzes sind indeß nicht die einzigen, auf welche das im Gesetze ausgesprochene Prinzip Anwendung findet; insbesondere müssen auch Personen, welche vermöge ihrer staatsrechtlichen Stellung von den persönlichen Staatssteuern befreit sind (Mediatisirte ꝛc.), den Forensen zugezählt werden, sofern im Uebrigen die Voraussetzungen des §. 14 gegeben sind. E. I. 36—38.

Aus dem Wortlaute des §. 14 ergiebt sich endlich, daß die K. O. den Begriff des Forensen nur in Verbindung mit dem Kreis bringt, also nur Kreis-, nicht auch Gemeinde-Forensen kennt. Zu den Forensen gehören also diejenigen Personen nicht, welche in einer Gemeinde des Kreises wohnen, in einer anderen Grundeigenthum besitzen; bei ihnen findet keine fingirte Einschätzung für letztere Gemeinde statt. E. I. 70.

2. Die juristischen Personen.

Der Begriff der juristischen Personen ist aus dem Tit. 6. Th. II. A. L. R., insbesondere aus §. 25 [1]) zu entnehmen. Zu beachten bleibe dabei indeß, daß der rechtliche Fortbestand vorlandrechtlicher, unter gemeinem oder anderem besonderen Rechte entstandener Korporationen nicht durch den Nachweis einer ausdrücklichen landesherrlichen Verleihung bedingt ist. Erk. des Ober-Tribunals vom 23. April 1861. Striethorst, Archiv Bd. 41 S. 191. Vgl. auch E. VII. 205. Das O. V. G. hat deshalb eine Braukommune d. h. die zu einer Braugenossenschaft vereinigten Besitzer realbrauberechtigter Häuser in einer Stadt aus dem vormals Sächsischen Landestheile, welche beim Uebergang in den Preußischen Staatsverband eine Korporation bildeten, als juristische Person betrachtet. E. Spremberg 31. Januar 1881.

Bei dem Grundsatze des A. L. R., daß die Entstehung einer juristischen Person die Mitwirkung des Staates voraussetzt, ist zunächst die Preuß. Gesetzgebung stehen geblieben (§. 3 des Gesetzes über die Eisenbahnunternehmungen vom 3. November 1838; §. 1 des Gesetzes über Aktiengesellschaften v. 9. November 1843). Später schlug aber das Allgem. Deutsche Handelsgesetzbuch und in Anlehnung daran das die Stellung der Erwerbs- und Wirthschaftsgenossenschaften regelnde Preußische und Deutsche Reichsrecht den Weg ein,

---

[1]) § 25. Die Rechte der Korporationen und Gemeinden kommen nur solchen vom Staate genehmigten Gesellschaften zu, die sich zu einem fortdauernden gemeinnützigen Zwecke verbunden haben.

daß Vereine oder Gesellschaften, denen eine Rechtsfähigkeit beigelegt werden sollte, nicht für juristische Personen erklärt, sondern je nach Bedürfniß mit ähnlichen Rechten, wie sie den juristischen Personen zustehen, ausgestattet wurden. Dadurch ist es streitig geworden, ob man dergleichen Gesellschaftsformen den juristischen Personen beizuzählen habe oder nicht. Die K.O. stellt sich nun auf den Standpunkt, daß den Kommanditgesellschaften auf Aktien und den Aktiengesellschaften der Charakter juristischer Personen nicht zukomme; sie könnte sonst diese Gesellschaften nicht neben den juristischen Personen besonders aufführen; in den Motiven zum I. Entwurf (§. 12) wird außerdem die gewählte Fassung noch eigens damit gerechtfertigt, daß die Aktiengesellschaft sich nicht zu den juristischen Personen rechnen lasse. Hierdurch ist zur Genüge klargelegt, daß bei Erlaß der K.O. der Begriff der juristischen Personen in dem aus §. 25 II. 6. A.L.R. sich ergebenden strengen Sinne hat festgehalten werden sollen. Vom O.V.G. ist es dementsprechend abgelehnt, eine Kreisabgabenpflicht eingetragener Genossenschaften (eines Vorschußvereines) anzuerkennen. E. VII. 27 ff.

Andererseits hat man eine Gräfliche Fideikommißstiftung, deren Eigenschaft als juristische Person übrigens auch unter den Parteien nicht streitig war, ohne Weiteres als juristische Person behandelt. E. Anclam 30. Juni 1877.

3. Insbesondere der Fiskus.

1. Nach der E. I. 48 ff. ausführlich dargelegten Entstehungsgeschichte des Abs. 3 im §. 14 muß der Fiskus gleich den übrigen juristischen Personen in Gemäßheit des Abs. 2 zu denjenigen Abgaben beitragen, welche auf den Grundbesitz, das Gewerbe oder den Bergbau gelegt werden. Der Abs. 3

bezieht sich nicht auf die Besteuerung dieser Einkommensquellen selbst, sondern nur auf die Besteuerung des daraus fließenden Einkommens; vgl. auch E. IV. 75. 76.

Hieraus folgt, daß die Befreiungen, welche §. 17 gewährt, auch dem Fiskus zu Gute kommen; denn dieser steht eben, soweit es sich um Abs. 2 handelt, nicht anders, als die sonstigen juristischen Personen, und die §§. 17 u. 18 sind nach ihrem Wortlaute wie nach ihrer Stellung im Gesetze maßgebend für jede Kreisbesteuerung. E. IV. 15. 16.

2. Der demgemäß vom Fiskus aufzubringende Prozentsatz der Grund- und Gebäudesteuer bildet die Unterlage für die Mehrbelastung nach Abs. 3. Zu ihm tritt — statt der fingirten Einkommensteuer — die Hälfte desjenigen Prozentsatzes der Grund- und Gebäudesteuer hinzu, mit welchem die Klassen- und klassifizirte Einkommensteuer herangezogen wird. Wenn also 50 % Grund- und Gebäudesteuer, 100 % Einkommensteuer erhoben werden, so hat Fiskus an Grund- und Gebäudesteuer 50 % + $^{100}/_{2}$ % = 100 % zu entrichten. E. IV. 74. 75. M. Erl. v. 10. Juni 1874 M. Bl. S. 155 u. v. 25. Februar 1875 M. Bl. 100.

3. Die im Eigenthum des Deutschen Reichs befindlichen Gegenstände sind durch §. 1 des Reichsgesetzes über die Rechtsverhältnisse der zum dienstlichen Gebrauche einer Reichsverwaltung bestimmten Gegenstände vom 25. Mai 1873 (R. G. Bl. S. 113) hinsichtlich der Befreiung von Steuern und sonstigen Lasten den im Eigenthum des einzelnen Staates befindlichen gleichartigen Gegenständen gleichgestellt.

4. Solche Anstalten, welche zwar dem Staate gehören, aber eigene juristische Persönlichkeit besitzen (Königliche Gymnasien, Universitäten u. s. w.) unterliegen nicht der besonderen Besteuerung des Fiskus; denn das Eigenthum an den damit

verbundenen Grundstücken rc. befindet sich nicht in Händen des Fiskus, sondern steht der betr. juristischen Person selbst zu. E. III. 14. 15.

5. Wegen der sog. verstaatlichten Eisenbahnen s. unten Bem. zu 5. e. ι.

6. Obwohl der Fiskus nur Eine juristische Person bildet (Plenarbeschluß des Ober-Tribunals v. 13. Oktober 1850. Entsch. Bd. 20 S. 19), richtet sich seine Vertretung nach den für die einzelnen Stationen bestehenden Ressortverhältnissen. Eine zur generellen Vertretung berufene Behörde giebt es nicht; insbesondere ist dies nicht die Bezirksregierung (bez. der an die Stelle derselben getretene Regierungs-Präsident), da ihr durch die Instruktion vom 23. Oktober 1817 (G. S. S. 248) und die zur Ergänzung oder Abänderung derselben ergangenen Bestimmungen nur bestimmte Gegenstände als Geschäftskreis überwiesen sind. Der Berg- und Hüttenfiskus wird durch die Ober-Bergämter, der Steuerfiskus durch die Provinzial-Steuerdirektionen, der Eisenbahnfiskus durch die Eisenbahndirektionen oder Betriebsämter u. s. w. vertreten. E. Gleiwitz 19. September 1877. Es kommt das sowohl für das Veranlagungs-, wie für ein etwaiges Streitverfahren in Betracht.

4. Die Stellung des Kreisausschusses.

1. Die Einschätzung der Forensen, juristischen Personen rc. erfolgt, soweit sie zu den der Vertheilung der Kreisabgaben zu Grunde gelegten Staatssteuern nicht schon unmittelbar herangezogen sind, von dem Kreisausschusse nach den für die Veranlagung dieser Staatssteuern bestehenden gesetzlichen Vorschriften (§. 15).

Demnach kann die Heranziehung der Forensen rc., wenn

sie innerhalb des Kreises zu Staatssteuern veranlagt sind — was namentlich bei der Grund-, Gebäude- und Gewerbesteuer vorkommen wird — nur nach Maßgabe dieser Steuern stattfinden.

Soweit dagegen der Kreisausschuß einzuschätzen hat, tritt er an die Stelle der in den Steuergesetzen vorgesehenen staatlichen Veranlagungsorgane, mögen diese ganz oder theilweise aus Staatsbeamten bestehen oder aus der Wahl kommunaler Vertretungen bez. der Steuerpflichtigen selbst hervorgehen. E. IV. 41. Er hat folglich ebenso selbständig wie diese einzuschätzen. Demgemäß braucht er sich nicht an diejenige Staatssteuer zu binden, zu welcher der Pflichtige außerhalb des Kreises, wenngleich für ein innerhalb des Kreises befindliches Steuerobjekt veranlagt ist. E. Poln. Wartenberg 17. Oktober 1877; Conitz 15. Oktober 1878; Carthaus 28. April 1879; Tarnowitz 12. Januar 1880. Ebensowenig kann die Berechnung für ihn maßgebend sein, von welcher der Kreisausschuß des Domizilkreises bei Handhabung der Bestimmungen im §. 16 ausgegangen ist (s. oben Bem. zu C. I. b. 4). Die Einschätzung der Staatsbehörden wird freilich in der Regel einen mehr oder minder zuverlässigen Anhalt bieten, von dem nicht ohne ausreichende Veranlassung abzugehen sich empfehlen mag, da der Kreisausschuß nach denselben Normen veranlagen soll und der Staatsbehörde meistens ein reichlicheres Material zur richtigen Beurtheilung der Verhältnisse vorliegen wird, als dem Kreisausschusse; indessen hat das O.V.G. sogar anerkannt, daß die nach einem Theile des Gesammteinkommens fingirt zu veranlagende Einkommensteuer einen höheren Betrag erreichen könne, als die nach dem Gesammteinkommen bemessene Staatssteuer. E. Conitz 15. Oktober 1878.

2. Bei der Einschätzung hat der Kreisausschuß die für die Veranlagung der Staatssteuer bestehenden materiellen Vorschriften zu beachten; dagegen gelten für ihn die das Veranlagungsverfahren regelnden formellen Vorschriften nicht. E. VI. 3; Weißenfels 14. Juni 1880. Die letzteren stehen eben zum Theil mit der besonderen Organisation der staatlichen Veranlagungsbehörden in so untrennbarem Zusammenhange, daß sie sich auf den Kreisausschuß gar nicht übertragen lassen und es würde jeder gesetzlichen Begründung entbehren, wenn man diese unanwendbaren Normen ausscheiden, bei den anderen aber eine Verpflichtung des Kreisausschusses zu ihrer Berücksichtigung annehmen wollte.

Die materiellen Vorschriften finden sich

a) für die Grundsteuer in dem Gesetze vom 21. Mai 1861 (G.S. S. 253), 8. Februar 1867 (G.S. S. 185) u. 12. März 1877 Art. I (G.S. S. 19),

b) für die Gebäudesteuer in dem Gesetze vom 21. Mai 1861 (G.S. S. 317),

c) für die Gewerbesteuer in dem Gesetze vom 30. Mai 1820 (G.S. S. 147), 19. Juli 1861 (G.S. S. 697), 20. März 1872 (G.S. S. 285), 5. Juni 1874 (G.S. S. 219) und der Verordnung vom 30. August 1875 (G.S. S. 569),

d) für die Klassen- und klassifizirte Einkommensteuer in dem Gesetze vom 1. Mai 1851 (G.S. S. 193), 25. Mai 1873 (G.S. S. 213), 16. Juni 1875 (G.S. S. 234), 12. März 1877 (G.S. S. 19),

sowie in den zu ihrer Ausführung ergangenen Verordnungen und Anweisungen. Ihr Inhalt kann selbstredend hier nicht wiedergegeben werden; nur soweit bei ihrer Anwendung auf die Kreisabgaben Zweifel hervorgetreten und in der Rechtsprechung des O.V.G. berührt sind, wird darauf im Nachstehenden eingegangen werden.

5. Die materiellen Grundsätze für die Veranlagung.

a) Die Forensen rc. haben zu denjenigen Kreisabgaben beizutragen, welche auf den Grundbesitz, das Gewerbe, den Bergbau oder das aus diesen Quellen fließende Einkommen gelegt werden.

Der hier vorkommende Ausdruck: „oder" darf — wie schon die Wortfassung, außerdem aber der Zusammenhang der §§. 10, 14, 15 und die Entstehungsgeschichte derselben lehrt — nicht in der alternativen Bedeutung von „entweder — oder" genommen werden; es ist daher sowohl der Grundbesitz, das Gewerbe und der Bergbau, als auch das Einkommen daraus zu besteuern. E. VI. 61, 62; Nieder-Barnim 3. Februar 1879.

Die Heranziehung von Einkommen aus anderen Quellen, insbesondere aus Kapitalvermögen, ist unstatthaft. E. Heiligenbeil 10. Juni 1880. Zu dem Einkommen von Kapitalvermögen gehören auch die Einnahmen aus Kuxen von Gewerkschaften nach dem neueren Rechte des Allgemeinen Berggesetzes vom 24. Juni 1865 (G.S. S. 705)[1]) E. IV. 51.

b) Für die Forensalbesteuerungen wird die Vorschrift im §. 11, daß das Kreisabgabensoll für die einzelnen Gemeinden und selbständigen Gutsbezirke im Ganzen berechnet und denselben zur Untervertheilung sowie zur Abführung überwiesen werden soll, von einschneidender Bedeutung. Diese Vorschrift ist durch die §§. 14 u. 15 nicht modifizirt; sie besteht unabhängig davon; denn sie bezieht sich auf die Ausschreibung

---

[1]) §. 101 Abs. 3. Die Kuxe sind untheilbar. Sie haben die Eigenschaft beweglicher Sachen.

und Erhebung der Kreisabgaben, wogegen die §§. 14 u. 15 nur von der Einschätzung und Veranlagung handeln. Abgesehen davon verweist der §. 11 ausdrücklich auf den §. 10, in welchem bereits der Zuschläge zu den nach §§. 14 u. 15 zu ermittelnden fingirten Steuersätzen der Forensen, juristischen Personen ꝛc., gedacht wird, sodaß die Anwendung des §. 11 auf die Forensalbesteuerung im Gesetze selbst vorgesehen ist. Sie führt nun dahin, daß bei den Forensen ꝛc. eine Veranlagung für jede Gemeinde bez. jeden selbständigen Gutsbezirk, worin sich ein zu versteuerndes Objekt befindet, besonders erfolgen muß, während der im Kreise wohnende und dort zu den persönlichen Staatssteuern herangezogene Pflichtige — Kreisangehörige im engeren Sinne — nur einmal, in der Gemeinde seines Wohnsitzes veranlagt wird. E. I. 62 ff.; V. 53, 54; VII. 86.

c) Eine Einschätzung zur Grund- und Gebäudesteuer ist erforderlich bei den dem Staate gehörigen und deshalb zur Staatssteuer nicht veranlagten, aber nach §. 17 von den Kreisabgaben nicht befreiten Liegenschaften. Streitigkeiten über die Art und Weise dieser Veranlagung sind nicht vorgekommen; die Annahme eines Bezirksverwaltungsgerichts, daß eine solche Einschätzung unausführbar sei, ist abgewiesen E. III. 29.

d) Einer Einschätzung zur Gewerbesteuer bedarf es

α) bei den Bergwerksbesitzern, da der Bergbau der Staatsgewerbesteuer nicht unterliegt. Hierfür findet sich eine besondere Vorschrift im Abs. 4 des §. 14. Wenn darin über die Einschätzung der „Bergwerksbesitzer" Bestimmung getroffen wird, so umfaßt dieser, auch in den §§. 15, 86 u. 87 wiederkehrende Ausdruck sowohl die außerhalb einer Gewerkschaft stehenden physischen Personen (Abs. 1) wie die Berggewerkschaften selbst

(Abs. 2); er schließt sich der Sprechweise des Berggesetzes vom 24. Juni 1865 (§. 65 ff.) an. E. VIII. 29.

In dem Abs. 4 liegt nun zunächst ausgesprochen, daß Bergwerksbesitzer, welche in dem Umfange ihres Gewerbebetriebes nicht den in Klasse A. I. der Gewerbesteuer veranlagten Gewerbetreibenden gleichstehen, von der Heranziehung nach einer fingirten Gewerbesteuer überhaupt ausgeschlossen sind. E. IV. 43. — Die Einschätzung der beitragspflichtigen Bergwerksbesitzer soll nach Maßgabe derjenigen Einschätzung erfolgen, welche für die gleichstehenden Gewerbetreibenden der genannten Klasse vorgenommen ist; daraus entspringen für die Ausführung Schwierigkeiten. Die Veranlagung der Gewerbesteuer in Klasse A. I. vollzieht sich in der Weise, daß eine Summe, welche sich durch Vervielfältigung des Mittelsatzes (288 bez. 216 M.) mit der Zahl der Steuerpflichtigen des Steuerbezirks — in der Regel des Regierungsbezirks — ergiebt, auf die Gewerbetreibenden, unter Festhaltung eines Minimalsatzes (144 M.) und einer gesetzlich näher bestimmten Abstufung, nach dem Umfange des Betriebes vertheilt wird. Dieses Verfahren läßt sich durch den Kreisausschuß nicht nachahmen; denn es würde über seine Befugnisse hinausgehen, eine Einschätzung für die nicht zu den Bergwerksbesitzern gehörenden und für die außerhalb des Kreises befindlichen Gewerbetreibenden eintreten zu lassen. Eine Vervielfältigung des Mittelsatzes mit der Zahl der Bergwerksbesitzer im Kreise und eine Vertheilung der gefundenen Summe auf die letzteren entspräche dem Gesetze durchaus nicht. Eine Veranlagung endlich, welche sich darauf beschränkte, jeden Bergwerksbesitzer zum Mittelsatze heranzuziehen, wäre keine Einschätzung und stände weder mit dem Prinzip der Staatssteuergesetzgebung noch mit dem der K. O.

zu Grunde liegenden Gedanken in Einklang. Somit bleibt nichts anderes übrig, als die Einschätzung nach Maßgabe derjenigen Steuersätze, welche bei der Veranlagung in Klasse A. I. für einen ähnlichen Gewerbebetrieb von entsprechendem Umfange in Anwendung gekommen sind, und zwar der Regel nach durch Vergleichung mit den in Klasse A. I. veranlagten Gewerbetreibenden desselben Steuerbezirks zu bewirken. E. IV. 26 ff. Welcher Gewerbebetrieb sich zum Vergleiche eignet, läßt sich im Allgemeinen nicht sagen. Ebensowenig sind durchaus sichere Merkmale anzugeben, nach welchen die Vergleichung vorzunehmen ist. E. IV. 45. Den einzigen festen Anhalt gewährt der Gesichtspunkt der Staatssteuergesetzgebung, daß sowohl für die Abgrenzung der Klassen gegen einander als für die Einschätzung innerhalb der Klassen der Umfang des Betriebes entscheiden soll. Nach dem Gesetze vom 19. Juli 1861 §. 2 no. 2 ist auf den Umfang des Betriebes theils nach der Höhe des dazu erforderlichen Anlage- und Betriebs-Kapitales, theils nach der Erheblichkeit des jährlichen Umsatzes zu schließen. Dies wird dann in der zur Ausführung des Gesetzes ergangenen Ministerial-Anweisung vom 20. Mai 1876 Anlage I dahin erläutert, daß, soweit der Umfang des Geschäfts sich nicht direkt aus den Geschäftsberichten, Bilanzen 2c. ermitteln lasse, andere äußere Merkmale z. B. die Zahl der Maschinen und Werkzeuge, die ungefähre Quantität des verarbeiteten Rohmaterials, die Zahl der Gehülfen, Reisenden und Arbeiter, die Ausdehnung des Arbeitsgebietes u. s. w. zu berücksichtigen seien. Bei Anwendung der hier gegebenen Andeutungen darf übrigens nicht außer Acht gelassen werden, daß die Zahl der Arbeiter nur mit Vorsicht zu verwerthen ist, weil der Bergbau ein unverhältnißmäßig großes Arbeiterpersonal erfordert.

E. Mansfelder Seekreis 30. Dezember 1880. Ferner kommt bei Bemessung des Betriebsumfanges, wofür übrigens auf die Verhältnisse des der Besteuerung vorhergegangenen letzten Jahres zurückzugehen ist, nur der eigentliche Bergwerksbetrieb in Betracht; es können daher Lieferungen von bergwerksmäßig geförderten Produkten, welche eine fiskalische Grube kraft des dem Fiskus zustehenden Bergwerkseigenthums bezieht, nicht mit in die Berechnung gezogen werden. E. IV. 47.

β) Eine Einschätzung zur Gewerbesteuer kann weiter bei anderen Gewerben erforderlich werden, wenn das Unternehmen, wie bei den vom Fiskus betriebenen Gewerben, überhaupt nicht zur Staatssteuer veranlagt ist oder wenn diese Veranlagung, wie bei den über mehrere Kreise sich erstreckenden Betrieben, eine unmittelbare Anwendung nicht gestattet. Im letzteren Falle bedarf es bei juristischen Personen und den ihnen gleichgestellten Erwerbsgesellschaften einer Einschätzung auch in dem Kreise, wo das Unternehmen zur Staatssteuer veranlagt ist; denn letztere darf der Kreisbesteuerung nicht voll zu Grunde gelegt werden, weil Objekt der Besteuerung nach §. 14 nur das innerhalb des Kreises betriebene Gewerbe ist. Die Einschätzung erfolgt in allen diesen Fällen nach dem Umfange des Betriebes, wie derselbe sich innerhalb des betr. Kreises gestaltet. E. VII. 35 ff.

e) Vor allem wird die Thätigkeit des Kreisausschusses in Anspruch genommen durch die Einschätzung zur Klassen- und klassifizirten Einkommensteuer. Sie ist bei gegenwärtiger Lage der Gesetzgebung, da die Klassensteuer ebenfalls von der Höhe des Einkommens abhängt, nach gleichen Grundsätzen zu bewirken d. h. die in den §§. 28, 29 u. 30 des Gesetzes vom 1. Mai 1851 enthaltenen Grundsätze für die genaue Feststellung der Vermögens- und Einkommensverhältnisse des Steuerpflichtigen bei Veranlagung der klassifizirten Einkommensteuer gelten auch für die Einschätzung zur Klassensteuer. Vgl. §. 7 Schlußsatz des Gesetzes vom $\frac{\text{1. Mai 1851}}{\text{25. Mai 1873}}$ und Ministerial-Instruktion vom 3. Januar 1877 Einleitung (M.Bl. S. 44).

α) Unter Einkommen versteht das Gesetz durchweg Reineinkommen E. VII. 45; der Besteuerung unterliegt also nur dasjenige Einkommen, welches nach Abzug aller zur Erzielung der Einnahmen aufgewendeten Ausgaben sowie der auf dem Besteuerungsobjekte ruhenden Lasten und der Zinsen anrechnungsfähiger Schulden übrig bleibt.

β) Abzugsfähig sind lediglich solche Ausgaben, welche behufs Fortführung des Betriebes in dem bisherigen Umfange gemacht werden. Dieser im Gesetze vom 1. Mai 1851 nur für die Berechnung des Einkommens vom Gewerbe 2c. ausgesprochene Grundsatz kommt, da er aus dem Wesen der Sache entspringt, gleichmäßig auch bei Ermittelung des Einkommens aus Grundbesitz zur Anwendung. Ausgaben zur Erweiterung oder Verbesserung des Betriebes scheiden daher aus; sie bilden Kapitalanlagen, von denen nur die thatsächlich aufgewendeten Zinsen in Ansatz kommen können. E. VII. 85. M.-Instr. §. 3b, §. 4a, bb, ee, §. 8 Schlußsatz, §. 10b, c, §. 19.

1. Die gewöhnlichen Unterhaltungskosten der Baulichkeiten sind demnach abzusetzen. Ebenso bei eingetretenem Brande die Kosten für Aufräumung der Brandstätte und für Herrichtung der zur Fortführung des Betriebes erforderlichen Interimsbauten. Die in Folge des Brandes nothwendig gewordenen Neubauten fallen dagegen unter den Begriff von Kapitalanlagen. E. VII. 85, 86. M. Instr. §. 10. Eine Mobiliar-Brandentschädigung ist nur soweit Reineinkommen,

als sie für denjenigen Theil der Ernte und des lebenden Inventars gezahlt wird, welcher sich ohne den Brand als Reinertrag ergeben haben würde, nicht dagegen für den Theil, welcher zur Fortführung der Wirthschaft im bisherigen Umfange bestimmt war; wie der Eigenthümer die Entschädigung in Wirklichkeit verwendet hat, ist gleichgültig. E. Pyritz 22. Dezember 1877.

2. Rücklagen in einen Reservefonds, welche bei größeren Unternehmungen, insbesondere bei Aktiengesellschaften, regelmäßig durch Statut vorgeschrieben zu sein pflegen, können nicht abgerechnet werden. Der Reservefonds ist bestimmt zur Deckung von Ausgaben, welche in außerordentlichen, nicht vorherzusehenden Fällen geleistet werden müssen — sei es, daß es sich dabei um Verluste in einem Handelsgeschäfte oder um ungewöhnliche Anschaffungen in Folge von Unglücksfällen beim Betriebe eines Unternehmens (Eisenbahn, Bergwerk u. s. w.) handelt — und er verfolgt den Zweck, diese Ausgaben, welche an sich aus dem Gewinne des betr. Jahres genommen werden müßten, durch allmählige Ansammlung von Kapitalien auf eine Reihe von Jahren zu vertheilen. Das stimmt nicht mit der Vorschrift des Gesetzes überein, daß der durchschnittliche Reinertrag der letzten drei Jahre maßgebend sein soll (s. unten Bem. zu δ); danach kann nur der Betrag der in diesen Jahren aus dem Fonds wirklich geleisteten Ausgaben abgesetzt werden. Ob die Gesellschaft statutenmäßig zu den Rücklagen verpflichtet ist und etwa bei Versäumung dieser Pflicht ein staatliches Einschreiten, selbst eine Sistirung des Betriebes von Seiten der Aufsichtsbehörde zu gewärtigen hat, entscheidet nicht; dadurch werden die Rücklagen keineswegs zu Ausgaben behufs Fortführung des Betriebes im gesetzlichen Sinne. E. VIII. 69 ff.

3. Beim Gewerbebetriebe gestattet das Gesetz noch eine „übliche Absetzung für jährliche Abnutzung von Gebäuden und Utensilien". Wenn dies ohne Zweifel aus dem Grunde geschehen ist, weil die Erneuerung des erforderlichen Inventars eine nothwendige Voraussetzung für die Fortführung des Betriebes bildet, so scheint es, als ob die bezeichnete Absetzung in gleicher Weise auch bei Berechnung des Ertrages aus Grundbesitz zugelassen werden müsse. Indeß ist eine solche Ausdehnung der fr. Bestimmung doch bedenklich. Von der Absetzung läßt sich nicht wohl behaupten, daß sie durch die Natur der Sache von selbst gegeben sei; — thatsächlich kommt sie deshalb auch bei der Bewirthschaftung von Grundeigenthum, wenn überhaupt, gewiß nur höchst selten vor —; ohne eine ausdrückliche Anordnung des Gesetzes würde sie demnach selbst beim Handel und Gewerbe schwerlich zu rechtfertigen sein, obwohl sie hier üblich ist; um so weniger kann sie beim Grundeigenthum zur Anwendung gelangen. Hiervon geht offenbar auch die Instr. v. 3. Januar 1877 aus, wie eine Vergleichung der Vorschriften unter §. 4 II. a. u. b. mit denen unter §. 19 b. u. c. zeigt.

Ein bestimmtes Maaß für die Höhe der Absetzung hat das Gesetz nicht vorgeschrieben; bei der Verschiedenartigkeit der Verhältnisse war dies auch nicht thunlich; mit dem Ausdrucke: „übliche Absetzung" wird auf das Herkommen verwiesen, welches denn auch bei der großen Mehrzahl der gewöhnlichen gewerblichen Unternehmungen besteht und meistens gewisse Prozentsätze des Anlagekapitals oder des wirklichen Werthes auf die Abschreibung rechnet. Wo es an solchem Herkommen fehlt, muß auf das Gutachten Sachverständiger zurückgegangen werden. Instr. §. 19 b. E. VIII. 71.

Festzuhalten ist hierbei jedenfalls, daß die Abschreibungen

nicht zur Erneuerung des ganzen Anlagekapitals dienen dürfen. Derartige Absetzungen sind selbst da unstatthaft, wo der Betrieb z. B. bei Bergwerken, Abtreibung eines Waldes zum Zweck des Holzhandels u. s. w. zugleich eine allmählige Aufzehrung der Substanz mit sich bringt. Instr. §. 8; E. II. 71; Conitz 15. Oktober 1878.

Industrielle Unternehmungen von größerem Umfange sammeln die abzuschreibenden Beträge häufig in einen eigenen Fonds. So wird regelmäßig bei den Privateisenbahnen ein sog. Erneuerungsfonds eingerichtet, dessen Zweck im Wesentlichen mit demjenigen, was durch die Absetzung erreicht werden soll, zusammenfällt. Die Rücklagen in denselben sind daher an sich als abzugsfähig anzusehen. Ihre Höhe, welche statutenmäßig unter Genehmigung des Ministers der öffentlichen Arbeiten von Zeit zu Zeit bestimmt wird, unterliegt zwar bei einer Anfechtung durch den Kreisausschuß der Prüfung von Seiten des Verwaltungsrichters; man darf sie aber, da sie unter Mitwirkung der höchsten technischen Autorität festgestellt wird, ohne Weiteres als angemessen betrachten, sodaß von Einholung eines anderen sachverständigen Urtheiles, dessen Herbeischaffung übrigens auch auf kaum zu überwindende Schwierigkeiten stoßen würde, abgesehen werden kann. E. VIII. 70 ff.; Beuthen 6. September 1871.

4. Einige Privateisenbahnen haben eine Zahlung an den Staat für die von ihm übernommene Garantie eines Minimalertrages der Bahn zu leisten. Sie steht etwa einer Versicherungsprämie gleich und charakterisirt sich deshalb als eine zur Erzielung des Gewinnes erforderliche Aufwendung, deren Abzugsfähigkeit keinem Bedenken unterliegt. Wenn sie in Fällen, wo der Staat die Eisenbahnanlage außerdem durch Uebernahme eines Theils der Aktien unterstützt hat und somit

gleich den anderen Aktionären eine Dividende bezieht, als Superdividende bezeichnet wird, so ändert das an ihrem Wesen nichts. E. Beuthen 6. September 1881.

5. Steht eine Einnahmequelle in Frage, welche zusammen mit mehreren anderen verwaltet wird, so ist ein verhältnißmäßiger Theil der Generalverwaltungskosten als eine zur Erzielung der Einnahme geleistete Ausgabe zu behandeln und demnach in Abzug zu bringen. Dies gilt gleichmäßig für den Gewerbebetrieb wie für den Grundbesitz und zwar ebensowohl für den verpachteten wie für den selbstbewirthschafteten. E. Zabrze 14. October 1878; VIII. 45—48. Ueber die Vertheilung der Generalkosten auf die einzelnen Einnahmequellen lassen sich bestimmte Regeln nicht aufstellen; bei einem Unternehmen, das sich aus Bergbau und Eisenfabrikation zusammensetzt, hat das O. V. G. eine Vertheilung zur Hälfte oder nach dem Bruttoertrage als unzutreffend abgelehnt und Sachverständige vernommen. E. Zabrze 14. Oktober 1878.

6. Von den Lasten sind zunächst abzugsfähig sämmtliche auf dem Besteuerungsobjekte ruhende Staatssteuern, also die Grund-, Gebäude- und Gewerbesteuer; dahin gehört auch die von Privateisenbahnen in Gemäßheit des Gesetzes vom 30. Mai 1853 (G. S. S. 449) zu entrichtende Abgabe, weil sie das Unternehmen ebenso trifft, wie die Gewerbesteuer andere Gewerbebetriebe. E. II. 67. Mit demselben Rechte wird die von den Bergwerken nach dem Gesetze vom 12. Mai 1851 (G. S. S. 261) zu zahlende Abgabe von dem Ertrage abzurechnen sein.

Den Staatssteuern stehen gleich die von den Kommunalverbänden (Provinzen, Kreisen, Gemeinden 2c.) nach Maßgabe der Grund-, Gebäude- und Gewerbesteuer erhobenen Abgaben, welche in ihrer Eigenschaft als Ertragssteuern die

Reineinnahme aus dem Besteuerungsobjekte in derselben Weise, wie jene Staatssteuern, schmälern. Nicht in Absatz kommen dagegen solche Kommunal-Abgaben, welche als Einkommensteuern umgelegt werden. E. II. 67.

Abzugsfähig sind insbesondere auch Deichlasten, einerlei, ob sie auf verpachteten oder nichtverpachteten Grundstücken ruhen und ob sie blos zur Verzinsung oder auch zur Abtragung einer Verbandsschuld dienen. E. VII. 83, 84.

γ) In Betreff der Schulden ist voranzustellen, daß keine Kapitalsabtragungen, sondern immer nur die eigentlichen Zinsen in Abrechnung kommen. Werden also Schulden in der Weise verzinst, daß damit zugleich eine Tilgung der Schuld erfolgt — wie das namentlich bei Pfandbriefen 2c. vorkommt — so sind die Amortisationsbeträge auszuscheiden. E. II. 55, 67. Im Uebrigen müssen unterschieden werden Schulden, welche der einzelnen Einnahmequelle anhaften und welche auf dem gesammten Vermögen des Pflichtigen ruhen. Erstere sind immer von den Erträgen der betr. Einnahmequelle abzusetzen. Hieher gehören

1. Hypotheken und Grundschulden. Zu welchem Zwecke dieselben gemacht sind, ist unerheblich; selbst wenn nachgewiesen werden kann, daß die Anleihe in gar keiner weiteren Beziehung zu dem verpfändeten Grundstücke steht, sondern lediglich für ein außerhalb des Kreises befindliches Unternehmen aufgenommen ist, müssen die Zinsen von dem Ertrage des verpfändeten Grundstückes in Abzug gebracht werden. Denn die Verbindung der Schuld mit dem Pfande ist eine engere, als die mit dem Objekte, wofür die Verwendung stattgefunden hat. E. Halberstadt 9. September 1880. Es stimmt dies nicht völlig mit den bei der Staatssteuerveranlagung geltenden Grundsätzen. Hier werden in dem analogen

Falle der Heranziehung des von einem Ausländer zu versteuernden Einkommens aus preußischem Grundbesitze nur solche eingetragene Schulden berücksichtigt, welche als Theil des Kaufpreises übernommen sind. M.-Instr. §. 27. a. In E. II. 52 ff. ist indeß nachgewiesen, daß andere Hypothek- und Grundschulden jenen Schulden ganz gleichstehen, da sie das verpfändete Grundstück in derselben Weise belasten, wie die sonstigen dinglichen Abgaben und Lasten. Wenn hiernach der Forense unter Umständen das Einkommen aus seinem Grundbesitz der forensischen Besteuerung mehr oder weniger entziehen kann, so ist das eine unvermeidliche Folge der forensischen Einkommensteuer. E. II. 54; Darkehmen 31. Oktober 1881.

Ist eine Schuld auf mehrere Güter eingetragen, von denen eins oder das andere (etwa weil es außerhalb des Kreises liegt) für die Besteuerung ausscheidet, so sind die Zinsen bei sämmtlichen Gütern ratirlich, nach Verhältniß der Höhe des Einkommens, abzusetzen, da die Schuld, obwohl jedes einzelne Gut dafür voll haftet, doch eine allen Gütern gemeinschaftliche ist. E. Anclam 17. Januar 1879.

2. Ebenso müssen bei der einzelnen Einnahmequelle berücksichtigt werden nichteingetragene Schulden, welche ihrer Natur und Entstehung nach zu dem Besteuerungsobjekte in erkennbarer, unmittelbarer Beziehung stehen und deren Zinsen wirthschaftlich von dem Ertrage abgehen, bevor derselbe als Reinertrag erscheint. Ein solcher Charakter wohnt insbesondere dem noch rückständigen verzinslichen Kaufpreise bei (E. Randow 27. Februar 1879); ferner denjenigen Schulden, welche zur Ausführung von Bauten auf einem Gute (E. Tuchel 10. Oktober 1878) oder behufs Einrichtung, Betrieb, Erweiterung und Verbesserung eines gewerblichen Unternehmens

(E. Beeskow-Storkow 6. Juni 1878, Tarnowitz 12. Januar 1880) gemacht sind.

Hinsichtlich der auf dem gesammten Vermögen des Pflichtigen ruhenden Schulden besteht ein wesentlicher Unterschied zwischen den physischen und juristischen Personen. Nach der Auffassung des O. V. G. läßt es nämlich die Vorschrift im §. 16 nicht zu, bei den physischen Personen das der Forensalbesteuerung unterworfene Einkommen im objektiven Sinne als den nach Abzug der Betriebskosten 2c. erzielten Reinertrag aus der einzelnen Einnahmequelle zu behandeln; es ist vielmehr als ein Theil des persönlichen freien Einkommens anzusehen. Demgemäß müssen bei Berechnung des im Forensalkreise gewonnenen Einkommens auch die persönlichen Schulden, welche auf dem Gesammtvermögen ruhen, berücksichtigt werden; von den Zinsen dieser Schulden ist somit ein entsprechender Theil, der sich nach dem Verhältnisse des forensischen Einkommens zu dem Gesammteinkommen bemißt, in Abzug zu bringen, sofern der Pflichtige seine Verhältnisse zu dem Ende genügend klargelegt hat. E. II. 51, 52, 59, 60. Ferner wird auch in dem Falle, wo der Forense innerhalb desselben Kreises mehrere Güter in verschiedenen Gemeinden besitzt und bei dem einen sich ein Defizit herausstellt, der Kreisausschuß nicht beanspruchen können, daß dies das Gesammteinkommen schmälernde Defizit bei Berechnung des für die anderen Gemeinden zu ermittelnden Reinertrages ganz außer Betracht bleibe.

Anders bei den juristischen Personen. Hier paßt der Begriff eines persönlichen freien Einkommens nicht; die Einschätzung erfolgt daher lediglich nach dem Reinertrage der einzelnen Einnahmequelle und dieser ist für jede Quelle besonders zu berechnen. Demnach sind neben den dinglichen

Lasten und Abgaben nur solche Schulden zu berücksichtigen, welche den Ertrag der betr. Einnahmequelle herabdrücken; Ausgaben also, welche die juristische Person anderweit — sei es nach ihrem Zwecke, sei es aus besonderen Gründen — zu leisten hat, erscheinen nicht abzugsfähig und ein bei der einen Quelle entstehendes Defizit kann ebensowenig von dem Ertrage der anderen abgerechnet werden; es fällt vielmehr nur die mit einem Defizit belastete Quelle bei der Veranlagung aus. E. VII. 86, 87. In Anwendung dieser Grundsätze hat das O.V.G. namentlich ausgesprochen, daß Verpflichtungen, wie die eines Provinzialverbandes zur Verwendung eines Landgutes für die Erziehung von Waisen (E. I. 86), einer Kirche zur Leistung gewisser etats- oder observanzmäßig begründeter allgemeiner Ausgaben (E. IV. 62, 63), einer Stadtgemeinde zur Verzinsung ihrer für den gesammten städtischen Haushalt aufgenommenen Anleihen (E. II. 61) in die Berechnung nicht hereingezogen werden dürfen. Selbst die Zinsen solcher Schulden, welche ursprünglich zum Ankaufe eines Gutes oder zu baulichen Anlagen auf demselben gemacht, hinterdrein aber in eine allgemeine städtische Anleihe mitaufgenommen sind, können von dem Ertrage des Gutes nicht abgesetzt werden. E. Anclam 17. Januar 1877.

Bei den den juristischen Personen gleichgestellten Erwerbsgesellschaften ist zwar das Einkommen auch nicht als Gesammteinkommen zu behandeln (E. V. 9); aber das von ihnen betriebene gewerbliche Unternehmen bildet seiner Natur nach ein Ganzes, sodaß sich der Abzug der Zinsen aller auf dem Unternehmen ruhenden Schulden von selbst ergiebt. E. II. 60.

δ) Das Einkommen aus nicht verpachteten Besitzungen, aus ländlichen Fabrikationszweigen, soweit sie besonders einzuschätzen sind, aus Stein-, Schiefer-, Kalk- oder Kreidebrüchen, Gruben- und Hüttenwerken, sowie endlich aus Handel, Gewerbe, Pachtungen u. dgl. ist nach dem Durchschnitte der letzten drei Jahre zu berechnen (§. 28 Abs. 3 u. 4, §. 30 Abs. 2 des Gesetzes vom 1. Mai 1851). Hat der Betrieb noch keine drei Jahre gedauert, so wird das Einkommen nach dem aus der Zeit der Dauer verhältnißmäßig auf ein Jahr treffenden Betrage berechnet. Instr. §. 16.

1. Unter dem Durchschnitt kann, da eine Erläuterung weder im Gesetze gegeben noch aus den Materialien zu entnehmen ist, in Uebereinstimmung mit der Staatssteuerverwaltung (M. Erl. v. 12. Oktober 1852 M. Bl. S. 306) nicht anderes verstanden werden, als das mittlere Verhältniß zwischen Gewinn und Verlust während dreier Jahre. Um dasselbe zu finden, ist die Gesammteinnahme der drei Jahre der Gesammtausgabe desselben Zeitraums gegenüberzustellen und das Ergebniß, sofern es zu einem Ueberschuß der Einnahme über die Ausgabe führt, durch 3 zu theilen. Ergiebt sich im Ganzen ein Verlust, so ist von einer besteuerungsfähigen Einnahme überhaupt keine Rede. Die Anschauung, daß der Verlust eines Jahres nur für dies eine Jahr Steuerfreiheit begründe, sonst aber nicht weiter in Betracht komme, ist falsch. E. II. 23—25.

2. Die drei letzten Jahre sind das dem Steuerjahre unmittelbar vorangehende Jahr und die beiden Vorjahre; denn die §§. 27—30 des Gesetzes vom 1. Mai 1851 gehen von dem in das Steuerjahr selbst fallenden Zeitpunkte aus, wo gegen die Steuerveranlagung reklamirt ist und darüber eine Erörterung stattfindet. E. II. 45. Instr. §. 4 Abs. 1; §. 16. Beide Theile, sowohl der Kreisausschuß wie der Pflichtige, haben deshalb einen Anspruch darauf, daß diese Jahre zu Grunde gelegt werden. E. II. 45, V. 19, 20.

Der Pflichtige kann dies sogar noch in der Berufungsinstanz verlangen, obwohl er in der Reklamation und Klage andere Jahre verwerthet hat; denn sein Recht auf Berechnung nach dem Gesetze geht ihm durch jenes Verhalten nicht verloren. Auch der Umstand, daß die Berücksichtigung der Ergebnisse des letzten Jahres bei der Einschätzung nicht immer thunlich sein mag und im gegebenen Falle thatsächlich vielleicht nicht thunlich gewesen ist, könnte selbst, wenn die Unmöglichkeit, dies Hinderniß auf dem einen oder anderen Wege praktisch zu umgehen, anerkannt werden müßte, nicht dahin führen, den rechtlich begründeten Anspruch des Pflichtigen zu verkümmern. E. Zabrze 14. Oktober 1878. Dagegen ist einem Kreisausschusse, welcher die Veranlagung einer Eisenbahngesellschaft auf Grund der Mittheilungen des Eisenbahn-Kommissariats nach dem Ergebnisse Eines Jahres vorgenommen hatte, später aber in der Berufungsinstanz die Berechnung nach dem Durchschnitte der drei letzten Jahre verlangte, die Berechtigung abgesprochen, in dieser Lage des Streitverfahrens die Basis der Einschätzung zu verändern. E. Erfurt 27. Januar 1879.

Das O.V.G. hat übrigens eine Berechnung nach drei Jahren, welche um ein Jahr weiter zurückliegen, dann zugelassen, wenn die Parteien über eine derartige Berechnung im Streitverfahren einverstanden waren. In einem solchen Falle sind nach der Ansicht des O.V.G. die gesetzlichen Jahre nicht von Amtswegen zur Anwendung zu bringen, da der Verwaltungsrichter nur die unter den Parteien streitigen Fragen zu entscheiden hat. E. IV. 70 ff. Bei dem damaligen Verfahren handelte es sich freilich um die Heranziehung einer Eisenbahngesellschaft und hier wurde auch noch besonders darauf Gewicht gelegt, daß die Einschätzung im Einverständnisse beider Theile nach Maßgabe der Grundsätze, wie sie in den M.Erl. v. 29. September 1856 M.Bl. S. 256 und den zu dessen Erläuterung ergangenen Rescripten vorgeschrieben worden, erfolgt sei, bei einer derartigen Einschätzung aber regelmäßig nicht die drei letzten Jahre zu Grunde gelegt würden. Allein man hat den Grundsatz hierauf nicht beschränkt, sondern auch bei der Ermittelung des Einkommens aus Grundbesitz, Bergbau und sonstigem Gewerbebetrieb angewendet. E. VII. 44. Kattowitz 6. Mai und 27. Juni 1878. Im Anschluß daran ist weiter der Verwaltungsrichter für gebunden als das Einverständniß der Parteien erachtet, wenn das Einkommen nach den Erträgen der mit den Etatsjahren nicht zusammenfallenden Betriebsjahre eines gewerblichen Unternehmens veranlagt ist. E. V. 18, 19.

Die hier entwickelten Grundsätze mögen sich aus Zweckmäßigkeitsrücksichten empfehlen; denn die Ergebnisse des letzten Jahres sind häufig zur Zeit der Veranlagung noch nicht bekannt und Ungleichheiten, welche bei dem eingeschlagenen Verfahren allerdings entstehen können (z. B. wenn eine Eisenbahngesellschaft, deren Betrieb sich über mehrere Kreise erstreckt, in dem einen nach dem gesetzlichen, in dem anderen nach dem vereinbarten Maßstabe herangezogen wird), fallen nicht gerade ins Gewicht; sie werden leicht in ähnlicher Weise auch sonst vorkommen. Aber vom rechtlichen Standpunkte aus erscheinen jene Grundsätze ungemein anfechtbar. — Zweifellos hat der Verwaltungsrichter nur über die unter den Parteien streitigen Fragen zu entscheiden; allein wenn festgestellt werden soll, was in den beregten Fällen streitig ist, so kann das nicht wohl etwas anderes sein, als die Frage, wie hoch sich das zu besteuernde Einkommen beläuft. Wären hierüber die Parteien einig, gingen sie beide von einer bestimmten Summe aus, so würde freilich der Verwaltungsrichter nicht zu untersuchen haben, ob sie richtig nach den Vorschriften des Gesetzes berechnet sei. Soll dagegen der Verwaltungsrichter selbst die Summe ermitteln, so kann er das nur in Gemäßheit der Bestimmungen des Gesetzes; das Einverständniß der Parteien darüber, daß von diesen Bestimmungen abzusehen sei, kann ihn niemals binden; denn über Rechtsnormen haben die Parteien nicht zu verfügen und der Richter darf sich deshalb bei seiner Thätigkeit auf Grund von Parteierklärungen über dieselben nicht hinwegsetzen. Wenn nun der Satz, daß die Berechnung nach dem Durchschnitte der letzten drei Jahre vorzunehmen ist, unter den Begriff einer Rechtsnorm fällt — wie schwerlich Jemand bestreiten wird — so muß daran unter allen Umständen festgehalten werden. Wie bedenklich ein Abgehen davon ist, erhellt denn auch am besten aus der Erwägung, daß es kaum möglich ist, auf dem betretenen Wege irgendwo Halt zu machen. Dürfen die Parteien statt der letzten die vorletzten Jahre wählen, so ist nicht einzusehen, weshalb sie nicht noch weiter sollten zurückgreifen oder etwa statt des Durchschnittes dreier Jahre den Ertrag zweier Jahre oder eines bestimmten Jahres sollten substituiren können, ja, mit demselben Rechte müßten sie auch befugt sein zu fordern, daß der Verwaltungsrichter statt der im Gesetze vorgeschriebenen Grundsätze anderweite, willkürlich unter den Parteien vereinbarte Prinzipien zu Grunde lege z. B. statt der Ermittelung des Einkommens einer Eisenbahngesellschaft nach dem §. 30 des Gesetzes vom 1. Mai 1851 eine solche nach dem Gesetze über die Entrichtung einer Eisenbahnabgabe vom 30. Mai 1853 eintreten lasse. Wenn man von Seiten des O. V. G. noch mehrfach darauf hingewiesen hat, weder das Gesetz vom 1. Mai 1851 noch die Instruktion vom 3. Januar 1877 stehe einer Berechnung nach anderen Jahren entgegen, so läßt sich dies als zutreffend nicht anerkennen; denn das Gesetz, welches die Berechnung nach den drei letzten Jahren anordnet, schließt damit von selbst jede Berechnung nach anderen Jahren aus; will man das nicht zugeben, so muß man auch einräumen, daß das Gesetz überhaupt die Anwendung beliebiger anderer, als der vorgesehenen, Grundsätze gestatte. — Es läßt sich auch keineswegs behaupten, daß aus der hier vertretenen Auffassung unlösliche Schwierigkeiten hervorgehen würden. Selbst wenn für die Veranlagung die Erträge des letzten Jahres noch nicht beschafft werden können und der Kreisausschuß sich deshalb an die vorletzten Jahre halten muß, so wird der Pflichtige doch immer in der Lage sein, entweder schon bei Erhebung des Einspruchs oder mindestens bei Anstellung der Klage eine Berechnung nach Maßgabe des Gesetzes vorzulegen. Und es ist seine Sache, rechtzeitig dafür zu sorgen; denn ihm als Reklamanten bez. Kläger liegt es ob, seine Ueberbürdung durch eine Klarstellung dessen, was er nach dem Gesetze zahlen muß, nachzuweisen. Hat er dies unterlassen, indem er mit dem Kreisausschusse von einer Berechnung nach unrichtigen Jahren ausgegangen ist, so wird er von dem Verwaltungsrichter zu einer dem Gesetze entsprechenden Begründung seines Anspruchs aufzufordern und, sofern er dem nicht nachkommt, mit seiner Klage abzuweisen sein. Das muß, wie in allen übrigen Fällen, so auch für Eisenbahngesellschaften gelten; ob sich bei Handhabung des M. Erl. v. 29. September 1856 eine abweichende Praxis gebildet hat, kann nicht entscheiden; stimmt sie nicht mit dem Gesetze, so hat sie keine Berechtigung. Hiernach würde es überhaupt nicht in Frage kommen, ob der Kreisausschuß die einmal gewählte Basis seiner Einschätzung verändern darf (vgl. die oben angezogene E. Erfurt 27. Januar 1879); im Gegentheil hätte der Kreisausschuß stets ein Recht darauf, daß die Ermittelung im Streitverfahren nach den drei letzten Jahren erfolge; nur kann er selbstredend ein Mehreres an Kreisabgaben, als er anfänglich gefordert hat, nicht in Anspruch nehmen.

ε) In E. II. 40 u. VI. 3 ist es unentschieden gelassen, ob die Bestimmungen des §. 36 Abs. 3 u. 4 im Gesetze vom 1. Mai 1851 [1]), welche dem Zensiten ein Anrecht auf Steuerermäßigung geben, wenn durch Verlust einzelner Einnahmequellen das veranschlagte Gesammteinkommen um mehr als den vierten Theil vermindert wird, auf Kreisabgaben Anwendung finden. Man kann dies von vorn herein um deswillen leugnen, weil es sich bei einer solchen nachträglichen Steuerermäßigung nicht um die ursprüngliche „Einschätzung", von welcher §. 15 der K. O. redet, sondern um Veränderung dieser Einschätzung im Laufe des Steuerjahres handelt. Wollte man es dem gegenüber als zweifelhaft hinstellen, ob nicht der hervorgehobene Ausdruck in weiterem Sinne zu

---

[1]) §. 36 Abs. 3 und 4. Ab- und Zugänge am Einkommen während des Jahres, für welches die Veranlagung erfolgt ist, ändern an der einmal veranlagten Steuer nichts. Nur wenn nachgewiesen werden kann, daß durch den Verlust einzelner Einnahmequellen das veranschlagte Gesammteinkommen eines Steuerpflichtigen um mehr als den vierten Theil vermindert worden, darf eine verhältnißmäßige Ermäßigung der veranlagten Steuer gefordert werden. Erlischt ein steuerpflichtiges Einkommen durch den Tod seines Inhabers oder in anderer Art gänzlich, so ist die ganze davon veranlagte Steuer in Abgang zu stellen.

In allen Fällen müssen jedoch die bis dahin, also einschließlich des Monats, in welchem der Antrag auf Ermäßigung der Steuer gestellt, oder das fragliche Einkommen gänzlich erloschen ist, fällig gewordenen Steuerraten entrichtet werden.

nehmen sei und folglich auch spätere Aenderungen des Steuersatzes umfasse, so wäre darauf zu verweisen, daß der §. 19 Einsprüche gegen die Veranlagung nur innerhalb einer Frist von zwei Monaten nach erfolgter Bekanntmachung der Abgabenbeträge kennt und demnach den Pflichtigen einen gesetzlichen Weg, auf welchem sie nach Ablauf der Einspruchsfrist eine Abänderung des Steuersatzes fordern könnten, überhaupt nicht eröffnet (vgl. unten Bem. zu E. 5). Dies spricht entschieden nicht dafür, daß der Gesetzgeber eine Herübernahme des §. 36 auf Kreisabgaben im Auge gehabt habe; und jedenfalls wird hierdurch die Möglichkeit, von dem §. 36 Gebrauch zu machen, auf diejenigen Fälle beschränkt, wo die Herabminderung des Einkommens sich noch innerhalb der Einspruchsfrist vollzieht. Abgesehen davon paßt der §. 36, wie auch schon E. VI. 4 bemerkt wird, auf die forensische Besteuerung überhaupt nicht recht. Denn er setzt ein Gesammteinkommen voraus und hieran fehlt es bei der Forensalbesteuerung. Man wird daher sich gegen eine Anwendung der fragl. Bestimmungen auf Kreisabgaben aussprechen müssen.

ζ) Berechnung des Einkommens aus Grundbesitz.

1. Für kreisabgabenpflichtig sind diejenigen erklärt, welche im Kreise „Grundeigenthum besitzen“ (§. 14 Abs. 1 u. 2). In E. II. 35 ist angenommen, das Gesetz habe hierdurch die Grundlage des forensischen Steuerverhältnisses zum Kreise wohl nicht auf das privatrechtliche volle Eigenthum am Grund und Boden beschränken und damit andere Rechtsverhältnisse, welche gleich dem Eigenthume ein vollständiges Nutzungsrecht am Grund und Boden gewähren, wie beispielsweise den Nießbrauch, ausschließen wollen. Diese Ansicht hat das O. V. G. aufgegeben, weil schon nach dem Wortlaute

derjenige, welcher nicht „Eigenthum" besitzt, auch nicht als Besitzer von Grundeigenthum angesehen werden könne, weil ferner bei der gegentheiligen Annahme neben dem Eigenthümer, welcher jedenfalls verhaftet bleibe, noch verschiedene andere Personen (Nießbraucher, Pächter, Verwalter) zugleich würden herangezogen werden dürfen und weil es endlich im Gesetze an jedem Anhalte fehle, gewisse Arten des unvollständigen Besitzes, welche sich dem Eigenthume nähern, diesem gleichzustellen. Grund der Verpflichtung bildet daher nur das Eigenthum und zwar das beschränkte und getheilte ebenso wie das uneingeschränkte und ausschließliche. Hiernach braucht der Fiskus als Besitzer solcher Anlandungen, welche durch von ihm vorgenommene Uferbauten entstanden, aber noch nicht in sein Eigenthum übergegangen sind (§§. 263, 264 Th. I. Tit. 9. A. L. R.), zu Kreissteuern nicht beizutragen. E. VIII. 57 ff.

2. Einkommen aus Kuxen einer Gewerkschaft nach älterem Rechte ist, da solche Kuxe die Eigenschaft unbeweglicher Sachen behalten (§. 228 des Allgem. Berggesetzes vom 24. Juni 1865)[1]), als Einkommen aus Grundbesitz zu behandeln und unterliegt demnach der Forensalbesteuerung. E. IV. 51. M. Erl. v. 31. August 1874 M. Bl. S. 235.

3. Bei verpachteten Grundstücken „ist der jeweilige Pacht- und Miethszins, einerseits unter Hinzurechnung etwaiger Natural- oder sonstigen Nebenleistungen sowie der dem Verpächter etwa vorbehaltenen Nutzungen, andererseits unter Abrechnung der dem Verpächter verbliebenen Lasten, als

---

[1]) §. 228. Die seitherige Kuxeintheilung bleibt bestehen. Jedoch kann von jetzt an ein Kux nur noch in Zehntheile getheilt werden.

Die Kuxe behalten die Eigenschaft unbeweglicher Sachen.

Einkommen zu berechnen" (§. 28 Abs. 2 des Gesetzes vom 1. Mai 1851). — Sind dem Pächter ungewöhnlich vortheilhafte Bedingungen zugestanden, so kann der Gewinn des Pächters wohl bei dessen Besteuerung, nicht aber bei der des Verpächters berücksichtigt werden; nur ein simulirter Vertrag ist nicht maßgebend. E. II. 50.

4. Bei nichtverpachteten Grundstücken ist „der im Durchschnitt der drei letzten Jahre durch eigene Bewirthschaftung erzielte Reinertrag zu Grunde zu legen" (§. 28 Abs. 3 a. a. O.). — Diesen Reinertrag kann der Pflichtige zunächst aus seinen Wirthschaftsbüchern rc. rechnungsmäßig nachweisen; erst beim Mangel solchen Nachweises ist auf eine Schätzung zurückzugehen, welche durch Vergleichung mit dem bekannten Ertrage anderer Liegenschaften, durch Heranziehung des bei der Staatsgrundsteuer ermittelten Reinertrages u. s. w., eventuell unter Mitwirkung von Sachverständigen bewerkstelligt werden mag. E. II. 51, VII. 44. Für die Abschätzung des Ertrages aus Holzungen enthält §. 7 der Instr. v. 3. Januar 1877 nähere Anweisungen.

5. Grundstücke und Gebäude, welche mehr oder minder integrirende Bestandtheile eines gewerblichen Unternehmens bilden, können nicht besonders wegen des daraus fließenden Einkommens veranlagt werden. Insbesondere gilt dies bei Eisenbahnbetrieben von Beamtenwohnungen, dazu gehörigen Hausgärten und Stationsgebäuden, einerlei, ob in letzteren Restaurationsräume vorhanden sind oder nicht. E. Anclam 6. Juni 1878.

η) Berechnung des Einkommens aus Bergwerken.

1. Unter den Begriff einer Gewerkschaft fällt nicht jede ein Bergwerk betreibende Mehrheit von Personen. Die K. O. unterscheidet zwischen physischen Personen, welche außerhalb

einer Gewerkschaft als Forensen im Kreise Bergbau betreiben (§. 14 Abs. 1), und Berggewerkschaften, welche im Kreise Bergbau betreiben (§. 14 Abs. 2). Die Unterscheidung hat auch einen inneren Grund, da bei den Gewerkschaften, ebenso wie bei den Aktiengesellschaften, dem Unternehmen eine vermögensrechtliche Selbständigkeit zukommt, welche da fehlt, wo blos mehrere Personen als gemeinsame Besitzer Bergbau betreiben, ohne in eine Gewerkschaft vereinigt zu sein. E. VIII. 28, 29. Wegen des im §. 14 Abs. 4 u. §. 15 gebrauchten Ausdruckes: „Bergwerksbesitzer" vgl. oben Bem. zu C. II. 5. d. α.

Die Gültigkeit einer von der zuständigen Bergbehörde als zu Recht bestehend behandelten gewerkschaftlichen Verfassung ist vom Verwaltungsrichter ohne Weiteres anzuerkennen. E. Calbe 12. September 1877.

Die Gewerkschaft bleibt ein kreisabgabenpflichtiges Subjekt, auch wenn sämmtliche Kuxe sich in Einer Hand befinden. E. Calbe 12. Dezember 1878.

2. Das O. V. G. hat anfänglich bei Einschätzung der Bergwerksbetriebe ohne nähere Motivirung angenommen, daß der Ertrag nach §. 30 des Gesetzes vom 1. Mai 1851, d. h. als Einkommen aus Gewerbe, zu berechnen sei. E. II. 46, 71. Calbe 12. September 1877. Ein demnächst unter den Parteien entstandener Streit, ob nicht vielmehr §. 28 zur Anwendung kommen müsse, ist nicht zum Austrage gebracht. E. IV. 24. Auch später hat diese Frage keine endgültige Erledigung gefunden. Sie ist im Großen und Ganzen nicht von Bedeutung, da die Normen für Ermittelung des Einkommens im Wesentlichen dieselben bleiben, mag man nun den §. 28 oder §. 30 zu Grunde legen. Nur in Beziehung auf die übliche Absetzung für jährliche Abnutzung an

Gebäuden und Utensilien könnte nach den früheren Erörterungen (s. oben Bem. zu C. II. 5. e. β. 3.) ein nicht unerheblicher Unterschied hervortreten. Das Gesetz giebt eigentlich zu Zweifeln keinen Anlaß; denn es behandelt: „Stein-, Schiefer-, Kalk- oder Kreidebrüche, ferner Gruben oder Hüttenwerke“ ausdrücklich im §. 28. Demgemäß rechnet auch die Instruktion vom 3. Januar 1877 §. 8 das Einkommen aus dergleichen Betrieben zum Einkommen aus Grundvermögen. Wie aber nicht wohl in Abrede genommen werden kann, tragen diese Betriebe vielfach und zwar um so stärker, je mehr sie einen größeren Umfang haben, den Charakter gewerblicher Unternehmungen an sich. Daraus erklärt sich ein Schwanken in der Verwaltungspraxis bei Heranziehung der Bergwerke zu den Kommunalauflagen. Während man das Einkommen aus Bergwerkseigenthum ursprünglich dem Einkommen aus landwirthschaftlich benutztem Grundeigenthume gleichstellte (M.Erl. v. 15. August 1859, M.Bl. S. 211), ging man später hiervon ab und betrachtete es als gewerbliches Einkommen (M. Erl. v. 12. April 1872, M. Bl. S. 306). Indeß können Erwägungen, wie sie hier eingewirkt haben mögen, wohl in Betracht kommen, wenn etwa eine Aenderung des Gesetzes in Aussicht genommen wird; dagegen berechtigen sie nicht zu einer Auslegung desselben, welche mit der völlig klaren Bestimmung in Widerspruch stehen würde. Es wird daher nicht zu umgehen sein, daß man — sofern hierüber Entscheidung getroffen werden muß — den §. 28 zur Anwendung bringt.

Die vorstehenden Bemerkungen beziehen sich übrigens nur auf das Einkommen aus dem Bergbaubetriebe selbst; das Einkommen aus Kuxen folgt besonderen Regeln, wie bereits oben C. II. 5. a. u. ζ. 2. dargelegt ist.

9) Berechnung des Einkommens aus Gewerbe.

1. Wenn nach der K. O. diejenigen kreissteuerpflichtig sein sollen, welche im Kreise ein stehendes Gewerbe betreiben, so kann der Begriff: „Gewerbe“ nicht aus der Gewerbeordnung, welche zudem auch keine Definition von Gewerbe giebt, sondern nur aus der Staatssteuergesetzgebung, worauf §. 15 der K. O. verweist, entnommen werden. Das Gesetz vom 1. Mai 1851 bezeichnet nun im §. 19 als Quelle des steuerpflichtigen Einkommens neben Grundeigenthum und Kapitalvermögen das Gewerbe oder gewinnbringende Beschäftigung irgend einer Art und erläutert dies im §. 30 dahin: „Handel, Gewerbe, Pachtungen oder gewinnbringende Beschäftigung irgend einer Art.“ Alles das wird demnach im Sinne der K. O. unter Gewerbe zu verstehen sein; insbesondere gehören hieher Pachtungen von Landgütern. E. II. 36, 37.

2. Erstreckt sich der Gewerbebetrieb über mehrere Kreise so kann jeder Kreis den innerhalb seiner Grenzen stattfindenden Betrieb besteuern, vorausgesetzt, daß derselbe als ein stehender Gewerbebetrieb anzusehen ist. Letzteres wird überall da anzunehmen sein, wo eine dauernde Betriebsstätte vorhanden ist. Beispielsweise hat das O. V. G. in dem Abtreiben eines Waldes, verbunden mit der Zubereitung der Hölzer zum Verkaufe, sowie in der mit einer größeren Arbeiterzahl in erheblichem Umfange Jahre lang betriebenen Gewinnung von Ziegelerde die Ausübung eines stehenden Gewerbebetriebes gefunden. E. Conitz 15. Oktober 1878 und VII. 40, 41. Besonders häufig kommt es vor, daß sich die Herstellung der Fabrikate in dem einen, der kaufmännische Vertrieb derselben in einem anderen Kreise vollzieht. — In allen derartigen Fällen kann die einzelne Betriebs-

stätte nicht selbständig für sich eingeschätzt werden; denn sie allein wirft einen Ertrag nicht ab; ein solcher ergiebt sich nur aus dem Zusammenwirken der verschiedenen Zweige des Unternehmens, aus dem Unternehmen als Ganzem. Hat dieses in den letzten drei Jahren keinen Gewinn abgeworfen, so kann auch die einzelne Betriebsstätte nicht herangezogen werden E. VII. 42; anderenfalls muß der Gewinn in angemessener Weise auf die einzelnen Betriebsstätten vertheilt werden. An Bestimmungen hierüber fehlt es; in dem Entwurfe eines Kommunalsteuergesetzes (Nr. 19 der Drucksachen des A. H. 1879/80) war dafür eine spezielle Regelung vorgesehen [1]); der Entwurf ist aber bekanntlich nicht Gesetz geworden, sodaß die desfallsigen Normen, welche übrigens auch nicht ohne Weiteres gesetzliche Geltung für die Kreisabgaben

[1]) §. 21 Abs. 3. Die Vertheilung des steuerbaren Gesammteinkommens aus einem über mehrere Gemeinden sich erstreckenden Gewerbe-, Pacht- oder Bergbaubetriebe erfolgt, sofern zwischen den berechtigten Gemeinden und den Abgabepflichtigen eine Vereinbarung über den Vertheilungsmaßstab nicht erzielt wird, in der Weise, daß

a) bei Versicherungs-, Bank- und Kreditgeschäften derjenigen Gemeinde, in welcher die Leitung des Gesammtgewerbebetriebes erfolgt, der zehnte Theil jenes Einkommens vorab überwiesen, dagegen der Ueberrest nach Verhältniß der in den einzelnen Gemeinden erzielten Bruttoeinnahmen vertheilt;

b) bei allen sonstigen gewerblichen Unternehmungen, insbesondere bei Berg-, Hütten-, Salzwerken, Fabrikanlagen, Pachtungen und Eisenbahnunternehmungen das Verhältniß der in den einzelnen Gemeinden erwachsenen Ausgaben an Gehältern und Löhnen, einschließlich der Tantièmen des Verwaltungs- und Betriebspersonals zu Grunde gelegt wird.

Die Gemeinde, in welcher der Abgabenpflichtige seinen Wohnsitz (§. 13 Abs. 2) hat, ist jedoch in jedem Falle berechtigt, durch Gemeindebeschluß das Gesammteinkommen desselben bis zum vierten Theile zu den Gemeindeabgaben ausschließlich heranzuziehen.

gehabt haben würden, nur insoweit verwerthet werden können, als man sie nach den gegebenen Verhältnissen für zutreffend erachtet. Das O.V.G. hat bisher eine arbiträre Schätzung eintreten lassen, wofür nähere Grundsätze in E. VI. 31 entwickelt sind. In dem hier entschiedenen Falle, wo eine im Landkreise belegene Cementfabrik, deren kaufmännische Leitung von dem benachbarten Stadtkreise aus erfolgte, herangezogen werden sollte, und in einem ganz ähnlichen Falle, wo es sich um eine Brauerei handelte (E. Königsberg 20. Oktober 1877), ist die Einnahme gleichmäßig zur Hälfte auf die Fabrikation, zur Hälfte auf den Vertrieb der Waare gerechnet, wesentlich von dem Gesichtspunkte aus, daß eine überwiegende Bedeutung des einen oder anderen Faktors nicht erkennbar sei.

Wegen der Eisenbahnstationen s. unten Bem. zu • dieses Abschnittes.

3. Für die Ertragsberechnung sind die von den Unternehmern aufgestellten Bilanzen 2c., wie sie namentlich von den Aktiengesellschaften veröffentlicht werden — wenn sie auch für die Veranlagung immerhin einen nicht zu unterschätzenden Anhalt gewähren — keineswegs unbedingt maßgebend; denn das Gesetz nimmt darauf nicht Bezug und die Bilanz kann möglicherweise den Grundsätzen, wonach der Reingewinn gesetzlich ermittelt werden soll, nicht entsprechen. Von besonderer Wichtigkeit wird dies bei denjenigen Summen, welche als Ausgaben in der Rechnung erscheinen; bei ihnen muß jedesmal geprüft werden, ob sie nach den oben dargelegten Regeln abzugsfähig sind oder nicht. Dabei spielen eine hervorragende Rolle die sog. Abschreibungen, weil dieselben häufig vorwiegend nach kaufmännischen Rücksichten bewirkt werden, also bei günstigen Betriebsergebnissen hoch, bei ungünstigen niedrig ausfallen. Wie im ersten Falle der

Kreisausschuß die Ansätze nicht anzuerkennen braucht, so ist umgekehrt auch im zweiten Falle der Unternehmer an seine eigene Aufstellung nicht gebunden; vielmehr kann immer die Feststellung in Gemäßheit des Gesetzes verlangt werden.

ι) Insbesondere bei Eisenbahn- und anderen Erwerbsgesellschaften.

1. Das abgabenpflichtige Einkommen aus dem Eisenbahnbetriebe ist nicht nach dem Gesetze vom 30. Mai 1853, betr. die von den Eisenbahnen zu entrichtende Abgabe, sondern nach §. 30 des Gesetzes vom 1. Mai 1851 zu berechnen. E. II. 66, V. 19. Deshalb ist die Einkommens-Feststellung des Eisenbahn-Kommissariats, welche behufs Berechnung der Eisenbahnabgabe erfolgt, nicht entscheidend. An näheren gesetzlichen Vorschriften über die Ermittelung des Einkommens und dessen Heranziehung bei den verschiedenen Stationen fehlt es. Dagegen haben die Minister des Innern und der Finanzen unterm 29. September 1856 (M. Bl. S. 256) hierüber Grundsätze für Erhebung der Kommunalabgaben aufgestellt, welche in einem Erlasse vom 8. Juni 1874 (M. Bl. S. 157) für die Veranlagung der Kreisabgaben als maßgebend erklärt und demnächst durch Verfügung vom 5. Juni 1879 (M. Bl. S. 160) weiter erläutert sind. Kann nun auch der Erlaß vom 8. Juni 1874 nicht als eine gemäß §. 200 der K. O. zur Ausführung dieses Gesetzes ergangene Anordnung, welche für den Verwaltungsrichter verbindliche Kraft hätte, angesehen werden (E. IV. 71, V. 20 und eine Reihe ungedruckter Entscheidungen); so empfiehlt sich seine Befolgung, soweit er keine gegen das Gesetz verstoßende Bestimmung enthält, doch einstweilen im Interesse einer gleichmäßigen Besteuerung der Eisenbahnen. Bisher ist denn auch vom O. V. G. einer Anwendung der in den Ministerial-Erlassen ausgesprochenen

Grundsätze, welche von den Parteien regelmäßig zur Basis der Ermittelungen gewählt sind, im Allgemeinen niemals entgegentreten. An sich betrachtet, giebt sonst die Art und Weise, wie danach der Reingewinn auf die einzelnen Stationen vertheilt wird, zu sehr begründeten Bedenken Anlaß; die Staatsregierung hat das selbst bei Vorlegung des Entwurfs zu einem Gesetze über die Aufbringung der Gemeindeabgaben wiederholt anerkannt und hier einen völlig abweichenden Maßstab vorgeschlagen.

2. Nach den Erlassen vom 8. Juni 1874 u. 5. Juni 1879 ist eine Besteuerung der Eisenbahngesellschaften sowohl an dem Sitze der Centralverwaltung als an jedem einzelnen Stationsorte zulässig. Man sollte demzufolge meinen, es müßten nunmehr auch spezielle Normen für die Veranlagung der Gesellschaft am Sitze der Centralverwaltung, welche offenbar unabhängig von den einzelnen Betriebsstätten — den Stationen — sehr wesentlich zur Erzielung eines Gewinnes aus dem Unternehmen mitwirkt, gegeben werden. Davon ist aber in den Erlassen nicht weiter die Rede; es folgen nur Vorschriften über Berechnung des steuerpflichtigen Einkommens für die einzelnen Stationen. Dieses soll festgestellt werden, indem man den gesammten Reinertrag des Unternehmens (a) mit der Bruttoeinnahme der Station aus dem inneren Verkehre (c) vervielfältigt und die gewonnene Zahl durch die Gesammtbruttoeinnahme der Eisenbahn aus dem inneren Verkehre (b) theilt $\left(\text{also } \frac{a \times c}{b}\right)$. Die Bruttoeinnahme der Station besteht aus der Gesammtsumme alles im eigenen Verkehr der Bahn in die Stationskasse fließenden Personengeldes, aller eben dahin gehörigen Frachtbeträge für Güter — wobei die sog. kontirten d. h. die nur in Folge einer

Rechnungsmanipulation bei der Hauptkasse zur Zahlung gelangenden Frachtbeträge derjenigen Station, welcher sie thatsächlich angehören, zuzurechnen sind — und aller der Station eigenthümlichen Nebeneinnahmen an Pächten, Miethen u. s. w. Diese Nebeneinnahmen müssen mit dem Bahnbetriebe in Zusammenhang stehen; darunter fallen z. B. Pachtgelder für die Bahnhofsrestaurationen oder für Terrain, welches zu Bahnzwecken erworben, aber thatsächlich dazu nicht verwendet ist. Hingegen bildet eine von der Eisenbahngesellschaft hergestellte, aber nicht in ihrem eigenen Betriebe stehende, sondern verpachtete Kokes-Anstalt keinen integrirenden Bestandtheil des Eisenbahnunternehmens; von der betr. Pacht kann daher die Gesellschaft besonders eingeschätzt und herangezogen werden. E. Zabrze 17. Januar 1877.

3. Die Veranlagung der Eisenbahngesellschaft hat für jede Station besonders stattzufinden — eine Folge nicht blos der im §. 11 enthaltenen Anordnung über die Aufbringung und Einziehung der Kreisabgaben, sondern auch der oben (Bem. zu C. II. 5. e. γ. 3) besprochenen Grundsätze, wonach das Einkommen einer Aktiengesellschaft überall nicht als Gesammteinkommen erscheint. Objekt der Besteuerung ist das Einkommen aus einem Gewerbebetriebe und dieser vollzieht sich an den einzelnen Stationen. E. V. 9. E. Kattowitz 9. Juni 1879; Tarnowitz 4. September 1879; Beuthen 6. September 1881.

4. Liegt eine Station in mehreren Gemeinden, so muß das für die Station im Ganzen ermittelte Einkommen auf die einzelnen Gemeinden vertheilt werden, zumal wenn eine Stadt betheiligt ist, welche das Kreisabgabensoll auf den Etat übernommen hat und deshalb an der richtigen Vertheilung ein eigenes Interesse besitzt. E. VIII. 30 ff. M. Erl.

v. 30. Dezember 1872 M. Bl. f. 1873 S. 27. Der Maßstab ist freilich schwer zu finden. Von hervorragender Bedeutung erscheint jedenfalls der Umfang der Grundfläche, sodaß ganz geringe Theile, die auch vom Betriebe kaum in Anspruch genommen werden, möglicherweise völlig unberücksichtigt bleiben können. Im Uebrigen wird eine Schätzung nach dem Verhältnisse, in welchem die einzelnen Theile zur Erzielung des Ertrages mitgewirkt haben, nicht ausführbar sein, sodaß man mehr oder weniger auf ein arbiträres Ermessen angewiesen ist. Auf welchem Gebiete das Hauptstationsgebäude oder etwa das Kassenlokal liegt, kann nicht entscheiden; der Grundsteuerreinertrag ist als Maßstab gar nicht zu verwerthen. Da indeß beide Parteien, die Eisenbahngesellschaft und der Kreisausschuß, von vorn herein an der Vertheilung ein untergeordnetes Interesse haben, wird sich bei angemessener Behandlung der Sache meistens eine Verständigung unter Zuziehung der betheiligten Gemeindevorsteher wohl erreichen lassen.

5. In Betreff der sog. Nebenlinien ist entscheidend, ob ihr Betrieb mit dem der Hauptlinien zusammen ein einheitliches Ganze bildet; trifft dies zu, so ist auch das gesammte Unternehmen als ein einheitliches bei der Besteuerung zu behandeln; andernfalls müssen die Nebenlinien als gesonderte gewerbliche Unternehmungen betrachtet und herangezogen werden. Wo das Hauptunternehmen sich durch den Bau neuer Linien erweitert, sind die Erträgnisse der letzteren erst von dem Zeitpunkte ab, wo die Linien finanziell mit dem Hauptunternehmen verschmolzen und somit integrirende Bestandtheile desselben werden, mitzuberücksichtigen. Einnahmen und Ausgaben des Baufonds während der Bauzeit kommen nicht in Betracht; Zinsen auf die für die Nebenlinie aus-

gegebenen Aktien oder Obligationen, welche aus dem Baufonds dem Betriebsfonds des Hauptunternehmens vergütet werden, sind vom Reinertrage des letzteren abzusetzen. Solange die Nebenlinie noch nicht drei Jahre in Betrieb ist, muß der (Brutto- wie Rein-) Ertrag derselben nach den Ergebnissen derjenigen Zeit, während welcher die Strecke dem Verkehre übergeben ist, besonders ermittelt und den entsprechenden Erträgen des Hauptunternehmens zugesetzt werden. E. Neiße 29. Oktober 1878 und 30. Januar 1879; Tost-Gleiwitz 3. Februar 1879; Kattowitz 9. Juni 1879; Ratibor 29. Dezember 1879.

6. Da der Staat nach §. 14 Abs. 3 von seinem Einkommen aus Gewerbebetrieb nicht herangezogen werden kann, dürfen auch die Staats-Eisenbahnen als solche nicht besteuert werden. Um die hieraus entstehenden Unbilligkeiten zu vermeiden, wurde in die Gesetze vom 20. Dezember 1879 (G.S. S. 635) u. 14. Februar 1880 (G.S. S. 20), betr. den Erwerb von Privateisenbahnen durch den Staat, eine ausdrückliche Bestimmung aufgenommen, welche — auf der Voraussetzung beruhend, daß bis zum Uebergange der Eisenbahnen in das Eigenthum des Staats wegen der Besteuerung Alles beim Alten verbleibe — den Kommunen ihre bisherigen Ansprüche auch nach diesem Zeitpunkte sichern sollte. Die Mangelhaftigkeit der Fassung, in welcher insbesondere jene Voraussetzung zu einem erkennbaren Ausdrucke überhaupt nicht gelangt war und welche sich auf Kreisabgaben nicht beziehen ließ, führte indessen zu der Entscheidung des O.V.G., daß die sog. verstaatlichten Eisenbahnen von dem Einkommen aus dem Betriebe nicht kreisabgabenpflichtig seien. E. VII. 108 ff. Dem ist später bei dem weiteren Erwerbe von Privateisenbahnen durch den §. 10 des Gesetzes vom 28. März

1882 (G. S. S. 21) abgeholfen. Danach finden bis zu einer anderweiten gesetzlichen Regelung der Kommunalbesteuerung der Eisenbahnen die bisherigen gesetzlichen Bestimmungen über die Verpflichtung der Privateisenbahnen zur Zahlung von Gemeinde-, Kreis- und Provinzialsteuern sowohl auf die damals verstaatlichten, wie vom Steuerjahre 1882/3 ab auf die früher an den Staat übergegangenen Privateisenbahnen auch nach dem Uebergange derselben in die Verwaltung für Rechnung des Staates oder in das Eigenthum des Staates in gleicher Weise wie bis zu diesem Zeitpunkte Anwendung. Sollte sich in Folge einer völligen oder theilweisen Vereinigung der bezeichneten Eisenbahnen mit anderen Bahnen eine Verminderung des steuerpflichtigen Reineinkommens für eine Station ergeben, so ist der Besteuerung der Betrag des steuerpflichtigen Reineinkommens nach dem Durchschnitte der dem 1. April 1880 vorangegangenen drei Steuerjahre zu Grunde zu legen. — Gleiche Vorbehalte sind auch dem Gesetze vom 13. Mai 1882, betr. den Erwerb des Berlin-Anhaltischen Eisenbahnunternehmens (G. S. S. 269), im §. 9 hinzugefügt. Vgl. übrigens M. Erl. vom 12. Februar 1881 M. Bl. S. 85.

7. Für andere Erwerbsgesellschaften sind bemerkenswerthe Entscheidungen des O. V. G. nicht ergangen. Auffallenderweise sind auch Streitigkeiten über Heranziehung von Versicherungsgesellschaften, welche bei den Gemeindesteuern der Städte in den letzteren Jahren zu lebhaften Erörterungen Anlaß gegeben haben, bisher nicht an das O. V. G. gelangt. Der Minister des Innern hat dagegen im Erl. v. 23. September 1873 (M. Bl. S. 266), dessen Anwendung unterm 30. September 1874 (M. Bl. S. 76) auch für die Kreisbesteuerung empfohlen ist, den Grundsatz aufgestellt, daß ein

die Kommunalsteuerpflicht begründender Betrieb eines stehenden Gewerbes nur da anzunehmen sei, wo Agenten mit der generell ertheilten Befugniß angestellt sind, selbständig und mit rechtlich verpflichtender Wirkung für die Gesellschaft Versicherungs-Verträge abzuschließen. Weitere Vorschriften sind ergangen in dem M. Erl. v. 31. Januar u. 26. Februar 1879 (M. Bl. S. 52 u. 148) sowie v. 4. Dezember 1880 (M. Bl. für 1881 S. 8). Hier werden zuvörderst Normen über die Berechnung des steuerpflichtigen Einkommens gegeben, welche mit den oben entwickelten übereinstimmen; sodann aber ist angeordnet, daß von dem Gesammteinkommen aus dem Gewerbebetriebe 10 % vorab derjenigen Gemeinde, in welcher sich der Sitz der Gesellschaft befindet, wegen der daselbst stattfindenden Zentralleitung überwiesen, die übrigen 90 % auf die Gemeinden mit Zweigniederlassungen bez. zum selbständigen Abschlusse von Rechtsgeschäften berechtigten Agenturen nach dem Verhältnisse der in den einzelnen Orten erzielten Prämieneinnahme zur Gesammt-Prämieneinnahme vertheilt und die verbleibenden Restbeträge der 90 % wieder der Gemeinde mit dem Sitze der Gesellschaft zu Gute gerechnet werden sollen.

III. Befreiungen von der Steuerpflicht.

a) Allgemeines.

1. Die Vorschriften über Befreiung von den Kreisabgaben finden sich in den §§. 17 u. 18. Anderweite, hier nicht aufgenommene Befreiungen, sie mögen einen Ursprung und Rechtsgrund haben, welchen sie wollen, können als zu Recht bestehend nicht anerkannt werden. Stammen sie aus älterer Zeit, so sind sie durch den §. 199, welcher alle der K. O. zuwiderlaufende Bestimmungen aufhebt, beseitigt

worden; selbst Staatsverträge, in welchen das Privileg einer Befreiung von allen Kommunallasten zugesichert ist, kommen gegenüber der gesetzlichen Regelung, wie sie in den §§. 17 u. 18 vorgenommen ist, nicht mehr in Betracht. E. VI. 37 ff.; Osthavelland 15. September 1877; Reichenbach 9. Mai 1881. Und nach Erlaß des Gesetzes können sich Observanzen gegen die K. O. nicht bilden. E. Gemeindevorsteher Gr. Konarzyn 12. Juni 1879.

2. Die K. O. kennt zwei Arten von Befreiungen, eine mit dinglichem, eine mit persönlichem Charakter. Von ersterer handelt der §. 17 und der Eingang des §. 18, soweit er nämlich die Dienstgrundstücke der Geistlichen, Kirchendiener und Elementarschullehrer betrifft. Diese Zerreißung erklärt sich aus der bereits in der Einleitung berührten Entstehungsgeschichte. In dem I. u. II. Entwurfe beschränkte sich der §. 18 (damals §. 16) auf die persönlichen Befreiungen; weil aber über die Heranziehung der Dienstgrundstücke der Geistlichen ꝛc. keine Einigung mit dem A. H. hatte erreicht werden können, verwies die Staatsregierung bei Ausarbeitung des III. Entwurfes diese Befreiung in den §. 18, um sie, behufs Herbeiführung eines Kompromisses mit dem A. H., gleichfalls unter den an die Spitze des §. 18 gestellten Vorbehalt: „bis zur anderweitigen gesetzlichen Regelung“ zu bringen.

Wenn das Gesetz die in den §§. 17 u. 18 aufgeführten Grundstücke und Gebäude von den Kreislasten befreit, so sind damit nur solche Kreisabgaben gemeint, welche die Grundstücke und Gebäude selbst treffen. Eine Besteuerung des von ihnen etwa erzielten Reineinkommens — sei es vermöge der Erhebung von Zuschlägen zur Klassen- und klassifizirten Einkommensteuer, wobei jenes Reineinkommen mitberücksichtigt ist, sei es vermöge Einschätzung zu einer fingirten

Einkommensteuer — wird dadurch nicht ausgeschlossen. Bei den im §. 17 genannten Liegenschaften mag allerdings ein Reinertrag nur selten vorkommen; praktische Bedeutung gewinnt aber die Unterscheidung bei den durch den §. 18 befreiten Dienstgrundstücken. Kann auch das Einkommen aus den Dienstgrundstücken der Geistlichen und Elementarschullehrer nicht herangezogen werden, weil nach §. 10 des Gesetzes vom 11. Juli 1822 litt. f. alle Besoldungen und Emolumente der Geistlichen und Schullehrer freigelassen werden müssen, so bleiben doch die Kirchendiener übrig; bei ihnen ist der Ertrag der Dienstgrundstücke in das zu versteuernde Einkommen einzurechnen. E. Gemeindevorsteher Gr. Konarzyn 12. Juni 1879.

3. Die Befreiungen beziehen sich nach ihrer Stellung im Gesetze auf jede Art von Kreisbesteuerung; die dinglichen Befreiungen kommen daher zur Anwendung bei der Heranziehung sowohl der physischen wie der juristischen Personen, insbesondere auch bei der Besteuerung des Staates in Gemäßheit des §. 14 Abs. 3. E. IV. 16. Vgl. oben Bem. zu zu C. II. 3, 1.

b) Dingliche Befreiungen.

1. Dinglich befreit sind die dem Staate oder den Kommunalverbänden gehörenden Grundstücke und Gebäude, „insofern sie zu einem öffentlichen Dienste oder Gebrauche bestimmt sind“. Für die staatlichen Liegenschaften mußte diese Voraussetzung in der K.O. selbst hervorgehoben werden, weil das Staatssteuergesetz die dem Staate gehörenden Grundstücke ausnahmslos für befreit erklärt (E. I. 92. II. 26); für die Liegenschaften der Verbände folgt sie aus dem §. 4 c. des Grundsteuer-Gesetzes und §. 3 Nr. 2 des Gebäudesteuer-Ge-

setzes. Wenn hier unter den Verbänden nur die Provinzen, die kommunalständischen Verbände, die Kreise, die Gemeinden und selbständigen Gutsbezirke aufgeführt sind, so muß doch nach der Entstehungsgeschichte angenommen werden, daß damit im Wesentlichen blos der Gegensatz zu den vom Gesetzgeber demnächst genannten „Privatpersonen und Aktiengesellschaften“ hat bezeichnet werden sollen und daß folglich zu den Verbänden auch noch andere öffentliche Korporationen gehören. Deshalb unterliegt es keinem Bedenken, alle Begräbnißplätze, auch die der Kirchen-Gesellschaften und der Juden, für steuerfrei zu erachten. E. V. 132ff. — Den Liegenschaften des Staates sind durch das Reichsgesetz über die Rechtsverhältnisse der zum dienstlichen Gebrauche einer Reichsverwaltung bestimmten Gegenstände vom 25. Mai 1873 §. 1 Abs. 2 die im Eigenthum des Deutschen Reiches befindlichen Grundstücke und Gebäude gleichgestellt.

2. Eine feste Umgrenzung dessen, was unter „bestimmt zu einem öffentlichen Dienste oder Gebrauche“ zu verstehen ist, wird in den Steuergesetzen nicht gegeben; man hat sich mit einer Erläuterung durch Beispiele begnügt. Daß die einzelnen Arten von Grundstücken und Gebäuden, welche namentlich aufgezählt werden, eben nur diesen Charakter an sich tragen und das Verzeichniß somit keineswegs erschöpfend sein soll, zeigen mit hinreichender Bestimmtheit die einleitenden Worte: „insonderheit also“. E. IV. 67. — Aus den gegebenen Beispielen lassen sich folgende Grundsätze ableiten.

Die Bestimmung zu einem öffentlichen Dienste oder Gebrauche setzt nicht unbedingt eine ausdrückliche Willenserklärung des Eigenthümers oder eine ausdrückliche Anordnung des Gesetzgebers voraus; sie kann auch aus der Natur und dem Wesen der Sache folgen. E. Fischhausen 23. Mai

1879. — Der Begriff: „öffentlicher Dienst“ wird in der Anwendung auf keine Schwierigkeiten stoßen. Von einem „öffentlichen Gebrauche“ läßt sich nur da reden, wo der Gebrauch — wenigstens grundsätzlich und unbeschadet der Erfüllung gewisser Bedingungen, z. B. Zahlung einer Abgabe bei Benutzung eines Kanals, eines Eintrittsgelds beim Besuch eines Museums — Jedermann gestattet ist. E. I. 100; Fischhausen 19. Mai 1879. — Diesen öffentlichen Zwecken müssen nun die Liegenschaften unmittelbar dienen; das trifft freilich nicht ganz bei den am Schlusse des §. 4 c. im Grundsteuergesetze genannten Baumschulen zu, ist aber trotzdem als Erforderniß festzuhalten, da sämmtliche übrige, im Gesetz erwähnte Beispiele eine solche unmittelbare Bestimmung zweifellos voraussetzen. Erk. I. 98, 99; II. 28, 133 ff. Dienen die Liegenschaften nicht lediglich öffentlichen Zwecken, so entscheidet die Hauptbestimmung. E. I. 100; II. 32; III. 30, 31; IV. 21. Der öffentliche Zweck braucht das Grundstück nicht unausgesetzt und nicht in allen seinen Theilen voll in Anspruch zu nehmen, sodaß die Möglichkeit einer anderweiten Neben-Nutzung ausgeschlossen wäre. Dies gilt indeß nur von Liegenschaften, welche ihrer Natur und Bestimmung nach als ein einheitliches Ganze behandelt werden müssen; lassen sie sich, wie bei einem Inbegriffe bestimmter Gebäude und Grundstücke, z. B. einem Landgestüt, in einzelne, selbständig für sich bestehende Theile zerlegen, so ist bei jedem derselben zu untersuchen, inwieweit die vom Gesetze aufgestellten Merkmale vorhanden sind. E. IV. 67. — Im gegebenen Falle kann es schwer sein, zu entscheiden, welche Bestimmung überwiegt; namentlich trifft dies bei Liegenschaften zu, welche einen verhältnißmäßig nicht unerheblichen Ertrag abwerfen; hier wird im Zweifel davon auszugehen sein, daß die Steuerpflicht die Regel bildet und demnach die Verhältnisse, welche eine Ausnahme begründen, hinreichend klar vorliegen müssen. E. IV. 21; Fischhausen 19. Mai 1879. — Ob die Steuerbehörden eine Befreiung von der Staatssteuer zugestanden und in Folge dessen eine Veranlagung unterlassen haben, entscheidet an sich nicht; E. II. 29; III. 28ff.; doch wird da, wo die Auslegung des Gesetzes Bedenken erweckt, die Auffassung der Steuerverwaltung immerhin von Werth sein können. E. V. 136.

In Anwendung dieser Grundsätze sind

a) Artillerie-Schießplätze als befreit anerkannt, auch wenn ein nicht unbedeutender Theil als Ackerland, ein anderer zur Weide 2c. benutzt wird und die Verwendung zu militärischen Zwecken nicht das ganze Jahr hindurch fortgeht. E. II. 23 ff.

b) Ebenso ist den Haffen an der Ostseeküste und zwar in ihrem ganzen Umfange Steuerfreiheit zugesprochen, weil sie an sich öffentliche Gewässer sind, und dem öffentlichen Gebrauche dienen, einzelne Theile derselben aber, auf welchen etwa keine Schiffahrt stattfände, aus dem Ganzen nicht herausgeschnitten werden dürfen, auch die Nutzungen des Staats durch Verpachtung der Fischerei 2c. sowie durch Erwerb des trockengelegten Landes immer nur Nebennutzungen bleiben. E. III. 24ff. Fischhausen 23. Mai 1879.

c) Kanaldämme können nicht herangezogen werden, weil sie nothwendige Zubehörungen der ausdrücklich für befreit erklärten Kanäle sind; fiskalische Schleusen-Etablissements, welche als Dienstwohnung für den Schleusenmeister oder als Hebestelle für das Schleusengeld benutzt werden, ebenfalls nicht, weil sie zu Dienstwohnungen für Beamte bez. zum Gebrauche öffentlicher Behörden bestimmt sind. E. Gleiwitz 19. September 1877.

Dagegen sind Weidenpflanzungen an Strömen — sog. Kämpe — beitragspflichtig, weil sie nicht als Theile der Strombauwerke angesehen werden können, denselben sich vielmehr nur durch ihre natürliche Lage und Beschaffenheit, gleichviel, wem sie gehören, nützlich erweisen und die Verwendung der gewonnenen Weiden zu Strombauzwecken keine unmittelbare Beziehung zu einem öffentlichen Dienste darstellt. E. I. 91 ff.

Deichanlagen sind, nachdem sie das Gesetz vom 12. März 1877 von der Staatsgrundsteuer befreit hat, durch die Novelle zur K.O. der Beitragspflicht zu den Kreisabgaben ausdrücklich enthoben.

d) Staatliche Eisenbahnanlagen als solche sind nicht frei. Das Gesetz befreit im Anschluß an eine auch früher stets festgehaltene Auffassung nur die „Schienenwege" der Privateisenbahnen, sodaß die zugehörigen Gebäude zweifellos grundsteuerpflichtig sind. Die Gebäude der Staatseisenbahnen haben nun aber an sich nicht die Bestimmung zu einem öffentlichen Dienste oder Gebrauche; denn das vom Staat betriebene Transportgeschäft vollzieht sich regelmäßig in gleicher Weise und nach denselben Gesichtspunkten, wie bei den Privateisenbahngesellschaften, charakterisirt sich daher als ein auf Erwerb gerichteter Gewerbebetrieb. E. II. 133 ff. Hierin ruht der wesentliche Unterschied von den soeben berührten Schleusenetablissements; wie bei uns die Verhältnisse liegen, sind Kanäle keine zum Zwecke des Erwerbes unternommenen gewerblichen Anlagen. — Die Eisenbahngebäude können auch nicht den Postgebäuden, welche unter Nr. 2 des §. 3 im Gesetze vom 21. Mai 1861 ausdrücklich als gebäudesteuerfrei aufgeführt sind, gleichgestellt werden; denn der postalische Transportbetrieb ist Gegenstand eines Regals, welches durch den Postzwang die Konkurrenz des Privatgewerbes beschränkt, und das Gesetz hat ihn wegen der dabei vorwiegend maßgebenden allgemeinen Interessen im direkten Gegensatze zu einem Gewerbebetriebe in allen einzelnen Beziehungen als öffentlichen Dienst geregelt, während das Transportgeschäft der Eisenbahnen geschichtlich vom Privatgewerbe seinen Ausgang genommen hat und der Staat hier erst später in die Reihe der Privatgesellschaften eingetreten ist. Die Verpflichtung der Staatseisenbahnen gegenüber der Postverwaltung, wie sie durch das Reichsgesetz vom 20. Dezember 1875 (R.G.Bl. S. 318) normirt ist, erscheint schon deshalb einflußlos, weil sie die Privatbahnen ganz gleichmäßig trifft. E. IV. 14, 15. — Demnach kann den Gebäuden der Staatsbahnen eine Befreiung nur soweit gewährt werden, als sie zum Gebrauche öffentlicher Behörden oder zu Dienstwohnungen für Beamte bestimmt sind. Das Gebäudesteuergesetz kennt aber eine theilweise Befreiung der Gebäude überhaupt nicht, sodaß die Gebäude entweder ganz freigelassen oder ganz heranzuziehen sind. M.E. v. 2. Januar 1863, M.Bl. S. 25. Wenn nun die Steuerfreiheit gesetzlich die Ausnahme bildet, so kann sie nur da eintreten, wo ein Gebäude überwiegend und der Hauptsache nach jenen Zwecken gewidmet ist. Ein lediglich für den Postbetrieb oder zu Dienstwohnungen der Bahnbeamten bestimmtes Gebäude ist somit frei. Bahnhofs- und Stationsgebäude dienen dagegen im Wesentlichen dem Transportbetriebe. Befinden sich darin zugleich Beamtenwohnungen oder Lokale öffentlicher Behörden, so entscheidet nicht allein die Größe der den verschiedenen Zwecken gewidmeten Räume; bei annähernd gleichem Verhältnisse, auch wenn die Beamtenwohnungen ꝛc. etwas überwiegen, hat das Gebäude, als der natürliche Mittelpunkt des Gewerbebetriebes an der betreffenden Station, als ein gewerbliches zu gelten. E. II. 136; IV. 17, 20; Stallupönen 27. Januar 1881. Ein Uebernachtungsgebäude für das Zugpersonal kann nicht als Dienstwohnung behandelt werden; es fehlt das unterscheidende Merkmal einer Dienstwohnung, daß sie einer bestimmten, mit einem Amte bekleideten Person als dauernder Aufenthalt zu Wohnungszwecken angewiesen ist. E. IV. 18, 19. Stallupönen 27. Januar 1881. Abgabenpflichtige Stationsgebäude, welche vorwiegend zum Bewohnen oder zu sonstigen persönlichen Bedürfnissen der Menschen — im Gegensatz zum Gewerbebetriebe d. h. hier zur Anfertigung und Verwerthung von Sachen oder zur Beförderung des Verkehrs — also zu Wartezimmern, Restaurationslokalen, Dienstwohnungen bestimmt sind, werden übrigens nach Nr. 1 des §. 5 im Gebäudesteuergesetze mit 4 % des Nutzungswerthes herangezogen. E. IV. 18.

e) Die vorstehend entwickelten Grundsätze kommen überhaupt zur Anwendung, wo Gebäude theilweise zur Unterbringung von Behörden oder zu Dienstwohnungen für Beamte, theilweise dagegen anderweit benutzt werden. Finanzminist.-Erl. v. 2. Januar 1863 (abgedruckt in Gauß, das Gesetz vom 21. Mai 1861, S. 100).

Zu den „Beamten“ gehören alle Staatsdiener ohne Ausnahme, mögen sie zur Ausübung von Staatsregierungsrechten oder zur Verwaltung des staatlichen Vermögens berufen oder in einem vom Staate betriebenen gewerblichen Unternehmen (Eisenbahn, Hüttenwerk, Saline rc.) angestellt sein. Den Staatsbeamten stehen die Beamten der Kommunalverbände (Provinzen, Kreise, Gemeinden rc.) gleich. Insbesondere ist hiernach die Beamten-Eigenschaft der Königlichen Forstbediensteten (E. I. 40ff.) und der Königlichen Eisenbahnbeamten (E. II. 136; IV. 17) anerkannt; ebenso der vom Staate angestellten Betriebsbeamten bei der Oberschlesischen Eisenbahn, welche der Staat nach dem Vertrage vom 17. September 1856 verwaltet. E. Gemeindevorstand zu Ober-Heydeck 20. Mai 1882.

f) Bei den Königlichen Landgestüten, welche aus öffentlichen Mitteln unterhaltene, allgemeinen staatlichen Zwecken dienende Staatsanstalten sind, müssen die Ställe und Reitbahnen freigelassen werden, da sie den Hengsten Obdach und Pflege gewähren, also unmittelbar öffentlichen Zwecken dienen; dagegen sind die der Gestütverwaltung zur landwirthschaftlichen Nutzung überwiesenen sog. Vorwerke abgabenpflichtig. Denn sie bilden, obschon ihre Bewirthschaftung von Rücksichten der Gestütverwaltung beeinflußt und ihr Ertrag ausschließlich für die Gestüte verwendet wird, doch keine unerläßliche Vorbedingung für die Erfüllung der den Gestüten gestellten Aufgabe und ihre Benutzung steht nicht in einer derartigen Verbindung mit dem öffentlichen Dienste, daß sie den im Gesetze aufgeführten Beispielen gleichgestellt werden könnten. E. Gumbinnen und Stallupönen 16. Mai 1878.

g) Ein Warmbadehaus in einem fiskalischen Seebade ist, trotzdem die Einnahme aus der Badeanstalt im Ganzen nur etwas hinter den Ausgaben zurückbleibt und der Verlust durch Zuschüsse aus Staatsmitteln gedeckt wird, für pflichtig erklärt, weil die Unmittelbarkeit der Bestimmung für die allgemeine Wohlfahrt fehlt und das Moment des Erwerbes nicht hinter dem Momente der Gemeinnützigkeit zurücksteht. E. Fischhausen 19. Mai 1879.

3. Dinglich befreit sind ferner die Dienstgrundstücke der Geistlichen, Kirchendiener und Elementarschullehrer.

a) Die Zusammenstellung von „Geistlichen, Kirchendiener, und Elementarschullehrern“ ist offenbar aus den Städteordnungen und den Landgemeindeordnungen für die westlichen Provinzen herübergenommen. In der Rechtsprechung des O.V.G. hat sich bisher ein Anlaß zu näherer Bestimmung jener Begriffe nicht gefunden. Dagegen ist für die Gemeindeverwaltungen eine Reihe von M.-Erlassen ergangen, welche ihrem wesentlichen Inhalte nach hier angeführt werden mögen. Zu den genannten Kategorien gehören nicht die jüdischen Kultusbeamten und Lehrer. Erl. v. 10. Januar 1848, M.Bl. S. 40; Erl. v. 13. November 1860, M.Bl. S. 17. Mit den Elementarschullehrern sind nur Lehrer an öffentlichen Schulen gemeint. Erl. v. 15. Januar 1830, v. Kamptz Annalen S. 106. Abgesehen hiervon beantwortet sich die Frage, welche Lehrer als Elementarschullehrer zu betrachten sind, nicht nach den Gegenständen des von ihnen zu ertheilenden Unterrichts, sondern nach der Art der Schulen, an welchen sie angestellt sind; Vorschulen von Gymnasien und Realschulen können aber, weil sie mit letzteren organisch zusammenhängen, als Elementarschulen nicht behandelt werden. Erl. v. 17. Januar 1878, M.Bl. S. 35. Elementarschulen sind übrigens diejenigen, welche sich auf den gewöhnlichen Elementar- (Volks-) Schulunterricht beschränken; sog. Mittelschulen fallen nicht darunter; die von der Schulverwaltung beliebte Eintheilung (in höhere und niedere Schulen ꝛc.) entscheidet nicht unbedingt. Seminardirektoren und Seminarlehrer sind keine Elementarlehrer. Erl. v. 4. April 1860, M.Bl. S. 69; nur die Lehrer an den Seminarübungsschulen machen eine Ausnahme. Erl. v. 27. August 1870, M.Bl. S. 265. Lehrer an Taubstummen- und Blindenanstalten können ebenfalls nicht zu den Elementarlehrern gerechnet werden. Erlaß vom 28. Mai 1864, M. Bl. S. 154.

Wegen der Kirchendiener vgl. die §§. 550 und 556 Th. II. Tit. 11 A. L. R.; dahin gehören namentlich auch Küster, Organisten, Kantoren, Todtengräber u. s. w.

b) Unter den Ausdrücken: „Dienstgrundstücke“ sind auch die auf den Grundstücken stehenden Gebäude mitbegriffen. Denn es kann nicht angenommen werden, der Gesetzgeber habe jenen Ausdruck in einem ungewöhnlichen Sinne angewendet; nach dem gemeinen Sprachgebrauche versteht man aber unter „Grundstücken“ auch die auf dem Grund und Boden befindlichen Gebäude. Daß im §. 17 zwischen Grundstücken und Gebäuden unterschieden wird, erklärt sich aus der der Bezugnahme des §. 17 auf die verschiedenen, theils die Grundsteuer, theils die Gebäudesteuer regelnden Gesetze; an anderen Stellen, wo die K. O. von Grundstücken, Grundbesitz und Grundeigenthum redet (§§. 14, 16, 36 ff., 74, 85 ff.) ist es zweifellos unthunlich, die Gebäude auszuschließen. Wenn die Staatssteuergesetzgebung allerdings die Ländereien der Geistlichen und die darauf befindlichen Gebäude nicht gleichmäßig behandelt, so ist das nicht ausschlaggebend, weil sie von einem anderen Prinzip ausgeht, nämlich keine unbedingte Befreiung aller Dienstgrundstücke der Geistlichen anerkennt. E. VIII. 23 ff.

c) Persönliche Befreiungen.

1. Unbedingt befreit sind die im §. 10 des Gesetzes vom 11. Juli 1822[1]) aufgeführten Bezüge. Wenn hier unter c „die Sterbe- und Gnadenmonate“ genannt werden, so gehört

[1]) Vgl. den Anhang.

dazu auch das Einkommen, welches die Hinterbliebenen von Geistlichen (und Schullehrern) während der Gnadenzeit beziehen. E. VII. 107.

2. Im Uebrigen genießt das Diensteinkommen der unmittelbaren und mittelbaren Staatsdiener eine Befreiung, welche sich zwar ebenfalls an das Gesetz vom 11. Juli 1822 anschließt, in ihrer thatsächlichen Wirkung aber wesentlich von Heranziehung der Beamten zu den Gemeindebeiträgen abhängt.

a) Die K. O. enthielt eine Ungenauigkeit der Fassung, welche schon dem I. Entwurfe anklebte und durch eine als einfache redaktionelle Verbesserung angesehene, in der Sitzung des A. H. vom 22. November 1872 (Sten. Ber. S. 71) vorgenommenen Aenderung jedenfalls nicht gehoben wurde. Ursprünglich war vorgeschrieben, die Staatsbeamten sollten nicht über die Grenze des im §. 2 des Gesetzes vom 11. Juli 1822 bestimmten höchsten Satzes herangezogen werden dürfen; bei der erwähnten Gelegenheit wurde nun der §. 2 durch den §. 3 ersetzt, während die Absicht dahin ging, daß beide Grenzen, wie sie sowohl im §. 2 als im §. 3 vorgesehen sind, innegehalten werden sollten. Gegenüber dem klaren Wortlaute des Gesetzes hielt sich das O. V. G. nicht für berechtigt, den Beamten auch die Wohlthat des §. 2 zuzuerkennen. Dies hatte zur Folge, daß der Novelle eine anderweite Fassung gegeben wurde. Dadurch ist das Verhältniß völlig klargestellt. Ob und in welchem Maaße die Beamten von ihrem Diensteinkommen besteuert werden dürfen, richtet sich nach dem Umfange der ihnen auferlegten Gemeindeabgaben. Erreichen letztere bereits die in den §§. 2 u. 3 des Gesetzes vom 11. Juli 1822 bezeichnete Grenze, so findet eine Heranziehung der Beamten zu den Kreissteuern überhaupt nicht mehr statt; erreichen die Gemeindeabgaben jene Grenze nicht, so findet nur noch bis zu derselben eine Heranziehung statt. Wird nun das Kreisabgabensoll untervertheilt, wie nach §. 11 in den Landgemeinden und selbständigen Gutsbezirken stets geschehen muß, in den Städten je nach der Beschlußnahme der städtischen Organe geschehen kann (vgl. unten den Abschnitt D.), so ergeben sich die von den Beamten zu den Bedürfnissen der Gemeinde gezahlten Beiträge von selbst. Uebernimmt dagegen eine Stadt das Soll auf den Etat, so wird letzteres mit den Gemeindebedürfnissen zusammengeworfen und bedarf es erst einer näheren Ermittelung, was die Beamten als Beiträge zu den Gemeindebedürfnissen im Sinne des §. 18 entrichten. Denn es liegt auf der Hand, daß hierunter nicht die Gemeindeabgaben verstanden sein können, wie sie für die eigentlichen Gemeindebedürfnisse und die Kreissteuern zusammen erhoben werden. Wenn das Gesetz die Heranziehung der Beamten zu den Kreissteuern von der Höhe ihres Beitrags zu den Gemeindeabgaben abhängig macht, so wäre es ein offenbarer Widerspruch, den Gemeindebedürfnissen, welche durch die Gemeindeabgaben gedeckt werden sollen, die Kreissteuern hinzuzurechnen. Dann würden eben nicht diejenigen Beträge ermittelt, welche nach Entrichtung der Gemeindeabgaben für Zwecke der Kreisbesteuerung übrig bleiben, sondern diejenigen, welche nach Entrichtung der Gemeindeabgaben und der Kreissteuern übrig bleiben. Das erscheint, wie an sich gegenüber dem Gesetze, so auch im Hinblick auf die Städte, welche ihre Kreissteuern thatsächlich untervertheilen, und namentlich im Hinblick auf die Landgemeinden, welche ihre Kreissteuern untervertheilen müssen, völlig unstatthaft. Denn bei einer solchen Berechnung würde sich das Kreisabgabensoll, wenn es aus der städtischen Kasse entrichtet wird, regelmäßig niedriger stellen, als wenn es von den einzelnen Kreisangehörigen gedeckt wird, und den Ausfall müßte der Kreis in seiner Gesammtheit tragen. Die Stadt kann sich auch darauf nicht berufen, daß ihre Gemeindebedürfnisse zum Theil aus anderen Einnahmen gedeckt werden, also an sich höhere Gemeindesteuern hätten erhoben werden können. Es entscheidet lediglich derjenige Gemeindebeitrag, welchen die Stadt zur Deckung der eigentlichen Gemeindebedürfnisse thatsächlich ausschreibt, nicht derjenige, welchen sie auszuschreiben genöthigt oder berechtigt sein würde, falls andere, in Wirklichkeit vorhandene Deckungsmittel fehlen sollten. Die Stadt darf ferner auch nicht so rechnen, als ob sie das Kreissteuersoll ganz oder theilweise durch andere Einnahmen deckte. Die Berechnung kann vielmehr nur in derselben Weise aufgemacht werden, wie wenn die Kreissteuern untervertheilt würden, d. h. es muß davon ausgegangen werden, daß die sonstigen Einnahmen zunächst zur Bestreitung der eigentlichen Gemeindebedürfnisse verwendet werden. Sonst wären die Städte im Stande, die Höhe ihres Kreissteuersolls nach ihrem Belieben zu ändern, indem sie das Soll ganz oder theilweise gegen die anderen Einnahmen aufrechneten. Eine derartige Befugniß kann ihnen das Gesetz nicht haben beilegen wollen.

Durch diese Verbindung zwischen den Gemeindeabgaben und den Kreissteuern der Beamten entstehen für die Veranlagung erhebliche Schwierigkeiten, welche sich dadurch noch steigern, daß zugleich auf das von den Beamten etwa neben ihrem Gehalte bezogene Privateinkommen Rücksicht genommen werden muß. Regelmäßig wird nichts anderes übrig bleiben, als für jede Gemeinde mit einer größeren Anzahl von Beamten, unter Mitwirkung der Vorstände, eine eigene Nachweisung aufzustellen, darin für jeden einzelnen Beamten das Diensteinkommen, das Privateinkommen und die zu zahlende Staatssteuer auf Grund der staatlichen Veranlagung anzugeben und weiter zu berechnen, welcher Theil der Staatssteuer einerseits auf das Diensteinkommen, andererseits auf das Privateinkommen entfällt, wie hoch ferner die Gemeindesteuern im engeren Sinne für jene beiden Klassen des Einkommens sich beziffern, wie viel danach in Ansehung des Diensteinkommens für die Kreisbesteuerung übrig bleibt und welche Summe deshalb der Kreis sowohl von dem Dienst-, wie von dem übrigen Einkommen zu fordern berechtigt ist. E. VIII. 34 ff.; Strehlitz 6. Februar 1879; Ruppin 23. Dezember 1880.

b) In Beziehung auf die Auslegung des §. 2 des Gesetzes vom 11. Juli 1822 ist das O.V.G. in der eben zitirten Entscheidung Strehlitz der Rechtsprechung des Ober-Tribunals (vgl. Erk. v. 7. März u. 5. September 1872, Entsch. Bd. 66 S. 339 u. Bd. 67 S. 311) beigetreten, wonach die Kommunalsteuer der Beamten von ihrem Diensteinkommen nicht nach der Hälfte der auf das volle Gehalt entfallenden Steuer, sondern nach dem halben Gehalte zu berechnen ist.

c) Ueber den Begriff: „Staatsbeamte“ vgl. oben Bem. zu C. III. b. 2. e. Der Ausdruck: „mittelbare Staatsbeamte“ weist zurück auf die Kabinetsordre vom 14. Mai 1832 (G.S. S. 145), welche die durch Gesetz vom 11. Juli 1822 geschaffene Bevorzugung der Staatsdiener auf „städtische, landschaftliche und andere, nach der Bezeichnung des A.L.R. §. 69 Tit. 10 Th. II als mittelbare Staatsdiener zu betrachtende Beamte“ ausdehnt. Mittelbare Beamte sind danach diejenigen Beamten, welche von einer Korporation oder einem sonstigen Inhaber einer öffentlichen Gewalt oder gewisser Regierungsrechte (mediatisirten Fürsten, Standesherrn, Gutsherrn ꝛc.) gewählt, berufen oder bestellt sind. Die Korporationen müssen aber im Sinne des §. 69 II. 10 A.L.R. als dem Staate untergeordnet zu betrachten sein; und das ist nur der Fall, wenn sie als Behörden in den Organismus der Staatsverwaltung eingegliedert sind (v. Rönne, Preuß. Staatsrecht, 3. Aufl. Bd. II. Abth. 1 S. 366 ff.). Demgemäß gehören zu den mittelbaren Staatsdienern nicht die Beamten der Privateisenbahnen, auch nicht diejenigen Kategorien, welchen nach Maßgabe des Bahnpolizeireglements für die Eisenbahnen Deutschlands die Ausübung der Bahnpolizei obliegt; treten dieselben auch, soweit sie Funktionen der Bahnpolizei wahrzunehmen haben, dem Publikum gegenüber in die rechtliche Stellung staatlicher Polizeibeamten, so sind sie doch nicht ausschließlich oder in erster Reihe für die bahnpolizeilichen Verrichtungen angestellt, üben die letzteren vielmehr nur neben ihrer, der Hauptsache nach dem gewerblichen Unternehmen gewidmeten Thätigkeit. E. II. 176 ff.

d) Nach §. 19 des Reichsgesetzes, betr. die Rechtsverhältnisse der Reichsbeamten, vom 31. März 1873 (R.G.Bl. S. 61) finden auf die Rechtsverhältnisse der aktiven und der aus dem Dienst geschiedenen Reichsbeamten, über welche nicht durch Reichsgesetz Bestimmung getroffen ist, diejenigen gesetzlichen Vorschriften Anwendung, welche an ihren Wohnorten für die aktiven bez. für die aus dem Dienst geschiedenen Staatsbeamten gelten. Ebenso kommen diejenigen Begünstigungen, welche nach der Gesetzgebung der einzelnen Bundesstaaten den Hinterbliebenen der Staatsbeamten hinsichtlich der Besteuerung der aus Staatsfonds oder aus öffentlichen Versorgungskassen denselben gewährten Pensionen, Unterstützungen oder sonstigen Zuwendungen zustehen, auch den Hinterbliebenen von Reichsbeamten hinsichtlich der denselben aus Reichs- oder Staatsfonds oder aus öffentlichen Versorgungskassen zufließenden gleichartigen Bezüge zu Gute.

e) Das Diensteinkommen der unmittelbaren Staatsbeamten braucht nicht nothwendig aus einer Staatskasse bezogen zu werden; so ist das Gehalt, welches ein vom Staate angestellter Beamter bei der vom Staate verwalteten Oberschlesischen Eisenbahn aus der Kasse dieses Unternehmens erhält, als Diensteinkommen angesehen. E. Gemeindevorstand zu Ober-Heydeck 20. Mai 1882.

f) Zufolge §. 11 des Gesetzes vom 11. Juli 1822 sind „außerordentliche und einstweilige Gehülfen in den Büreaux der Staatsbehörden“ den Staatsdienern nicht gleichzustellen. Das O. V. G. findet hierin ausgesprochen, daß die Gehülfen, wenn sie von der Begünstigung der Staatsdiener ausgeschlossen sein sollen, sowohl außerordentlich wie einstweilig angestellt werden müssen; dies dürfte auch der Absicht des Gesetzgebers entsprechen; wenigstens wird — hiermit völlig übereinstimmend — die Vorschrift in der Verordnung vom 23. September 1867, welche ihrer eigenen Erklärung zufolge die Staatsdiener in den neuen Landestheilen denen in den älteren Landestheilen gleichstellen soll, dahin formulirt, daß zu den Beamten diejenigen nicht gehören, welche nur als außerordentliche Gehülfen vorübergehend im öffentlichen Dienst beschäftigt werden. Demgemäß hat das O. V. G. einen Lehrer, welcher kommissarisch eine etatsmäßige Lehrerstelle verwaltete, (E. VI. 133 ff.) und ebenso einen dauernd mit Remuneration angestellten Diätar (E. Gemeindevorstand zu Ober-Heydeck 20. Mai 1882) als Beamten behandelt.

g) Der §. 8 des Gesetzes vom 11. Juli 1822 enthält die Vorschrift: „Jeder Staatsbeamte, welcher einer Behörde angehört und bei derselben seinen beständigen Wohnsitz haben muß, ist unter allen Umständen als ein Einwohner derjenigen Stadt zu betrachten, in welcher diese Behörde ihren Sitz hat." Wenngleich nun §. 8 in dem §. 18 der K.O. nicht angezogen wird, so kann die gedachte Bestimmung doch nicht ohne Rückwirkung auf die Kreisbesteuerung der Beamten bleiben; das O.V.G. hat sie denn auch ohne Weiteres darauf angewendet und die Kreisabgabenpflicht eines Beamten, welcher in einem Landkreise wohnte, aber bei einer Behörde in einer nicht zum Kreise gehörenden Stadt angestellt war, in Beziehung auf sein Diensteinkommen verneint. Die vom Kreisausschusse zur Unterstützung der gegentheiligen Meinung geltend gemachte Unterscheidung zwischen Beamten, welche ihren Wohnsitz am Sitze der Behörde haben müßten, und Beamten, welche thatsächlich an anderen Orten wohnten, ist verworfen, weil bei einer derartigen Auslegung die Vorschrift überhaupt keine Bedeutung habe und die Entstehungsgeschichte als Zweck des Gesetzes erkennen lasse, den Beamten zu verhindern, daß er sein Diensteinkommen der Besteuerung Seitens der Gemeinde seines Amtssitzes durch das Aufschlagen seines Wohnsitzes in einer anderen Gemeinde entziehe. E. III. 3 ff. Dieser Gedanke des Gesetzgebers, welcher übrigens in der bereits erwähnten Verordnung vom 23. September 1867 durch eine etwas veränderte Fassung und durch eine anderweite systematische Anordnung der Paragraphen einen völlig unzweifelhaften Ausdruck gefunden hat, führt zugleich dahin, die betr. Vorschrift nur auf das Diensteinkommen zu beziehen, sodaß der auswärts wohnende Beamte an seinem Wohnorte von dem etwaigen Privatvermögen zu den Kreislasten beitragen muß. E. VI. 133. An sich würde sonst der oben wiedergegebene Satz nach seinem allgemein gehaltenen Wortlaute und nach seiner Stellung hinter dem von Heranziehung der Staatsbeamten wegen ihres besonderen Vermögens handelnden §. 7 die Deutung nahe legen, als habe für die Beamten im Anschluß an §. 11 Tit. 2 Th. I der Allg. Gerichtsordnung ein nothwendiges Domizil an ihrem Amtssitze in Beziehung auf ihre sämmtlichen Rechtsverhältnisse oder mindestens ihre gesammten Kommunalsteuern begründet werden sollen. Die Verwaltung hat übrigens schon früher die fr. Vorschrift stets in dem durch die Verordnung vom 23. September 1867 klargestellten Sinne ausgelegt. M. Erl. v. 28. April und 29. Juli 1838, v. Kamptz Ann. Bd. 22 S. 387 und 689; Erl. v. 24. Februar 1863, M. Bl. S. 67. Auch bei dieser Auffassung könnte schließlich noch die Frage aufgeworfen werden, ob nicht der Kreis, in welchem der Beamte thatsächlich wohnt, einen Anspruch auf denjenigen Betrag habe, welchen die Gemeinde des Amtssitzes bei ihrer Besteuerung von dem gesetzlichen Maximum übrig läßt. In E. I. 3 ff. ist das nicht weiter erörtert, aber stillschweigend abgelehnt; und zwar gewiß mit Recht; denn schon nach dem Wortlaute des Gesetzes kann der Beamte hinsichtlich seines Diensteinkommens niemals als ein Einwohner oder Angehöriger des Kreises, in welchem er sich niedergelassen hat, angesehen werden.

D. Ausschreibung und Erhebung der Kreisabgaben.

1. Nachdem die Beitragspflichtigen unter Anwendung des bestehenden Vertheilungsmaßstabes und unter Beachtung der in dem voraufgehenden Abschnitte näher dargelegten Grundsätze veranlagt sind, berechnet der Kreisausschuß nach

§. 11 das Kreisabgabensoll für die einzelnen Gemeinden und selbständigen Gutsbezirke im Ganzen und überweist es denselben zur Einziehung sowie zur Abführung im Ganzen an die Kreiskommunalkasse. Selbstredend ist die Berechnung in Gemäßheit der von dem Kreistage gefaßten Beschlüsse, namentlich also auch unter Innehaltnng des festgestellten, durch die Kreisabgaben überhaupt aufzubringenden Betrages vorzunehmen. Deshalb brauchen übrigens die ausgeschriebenen Abgaben ihrer Gesammtsumme nach nicht rechnungsmäßig genau mit jenem Betrage übereinzustimmen; denn bei keiner Steuerverwaltung läßt es sich vermeiden, daß das etatsmäßige Einnahmesoll entweder um Etwas überschritten oder nicht voll erreicht wird. Aber auch, wenn der bestimmte Betrag vom Kreisausschuß in unzulässiger Weise überschritten sein sollte, hat das O. V. G. dem einzelnen Pflichtigen oder den Gemeinden ein Klagerecht abgesprochen und nur die Anrufung des Kreistages bez. der Aufsichtsbehörde für statthaft erachtet. E. IV. 57, 58. Dagegen lassen sich allerdings Einwendungen erheben; doch ist der Fall zu wenig praktisch, als daß es sich verlohnte, hierauf näher einzugehen.

Ebenso richtet sich die Bestimmung der Termine, an welchen die Kreisabgaben entrichtet werden sollen, nach dem Beschlusse des Kreistages. Dem letzteren steht es frei, die Termine nach seinem Ermessen zu wählen; denn eine allgemeine gesetzliche Vorschrift darüber, in welchen Raten Abgaben für Kommunalverbände aufzubringen sind, giebt es nicht — die in den einzelnen Staatssteuergesetzen getroffenen Anordnungen gelten eben nur für die betr. Staatssteuern — und die K. O. enthält speziell für Kreisabgaben keine desfallsige Norm. Die Kreisabgaben pflegen denn auch, wie schon vor Erlaß der K. O. der Fall war und bei Berathung des II. Entwurfs von Seiten der Staatsregierung als ein zu Recht bestehender Zustand anerkannt ist (Sten. Ber. des H. H. S. 435), thatsächlich in sehr verschiedenen Terminen erhoben zu werden. Selbst die Entrichtung des ganzen Jahresbetrages auf einmal kommt vor und ist vom O.V.G. als zulässig angesehen. E. VI. 49. — Hat der Kreistag unterlassen, über die Termine zu beschließen, so ist das Erforderliche nach §. 134 vom Kreisausschusse zu verfügen.

2. Nach dem System der Kreisbesteuerung, wie es in dem Abschnitte A. dargelegt ist, setzt sich das Gemeindesoll aus den Beiträgen der einzelnen Pflichtigen zusammen. Daraus folgt einerseits, daß die Beiträge der Forensen, juristischen Personen 2c. in das Soll mitaufzunehmen sind (E. I. 64, 70; V. 53); andererseits, daß die gesetzlichen Befreiungen (§§. 17 u. 18) ebenso wie die in Folge des §. 16 eintretenden Ermäßigungen und etwaige Mehr- oder Minderbelastungen nach §. 13 berücksichtigt werden müssen (E. I. 27ff., 70).

Von dem Soll der einzelnen Gemeinde 2c. sind diejenigen Steuerbeträge, welche auf in anderen Gemeinden des Kreises belegenes Grundeigenthum fallen, nicht abzusetzen. Denn die betreffenden Besitzer können, da die K.O. keine Gemeindeforensen kennt, von jenem Grundeigenthum nicht besonders eingeschätzt und in der Gemeinde, wo das Grundeigenthum liegt, herangezogen werden; die fr. Steuerbeträge gehören also in das Soll derjenigen Gemeinde, in welcher die Besitzer wohnen. E. I. 69ff.; vgl. oben Bem. zu C. II. 1.

3. Die Vorschrift im §. 11 bezweckt nach der in den Motiven zum §. 10 des I. Entwurfs ausgesprochenen und demnächst durch die Verhandlungen des H. H. über diesen Punkt noch schärfer zu Tage getretenen Absicht des Gesetzgebers im Wesentlichen nur, die Aufstellung von Zu- und

Abgangslisten für die Kreisabgaben entbehrlich zu machen. Zu dem Ende sollen diejenigen Vermehrungen oder Verminderungen des wirklichen Aufkommens gegen das Soll unberücksichtigt bleiben, welche nach Feststellung des Solls durch Veränderungen in den steuerpflichtigen Personen und Objekten eintreten. Den Gemeinden 2c. kommen also die gegen das Soll entstehenden Zugänge zu Gute; es liegt ihnen dafür aber auch die Deckung der Abgänge und Ausfälle ob. Hierbei setzte man voraus, daß die Ab- und Zugänge sich der Regel nach im Laufe der Zeit ausgleichen würden. Jedenfalls wollte man aber die aus der Führung von Ab- und Zugangslisten entspringende Belästigung des Kreisausschusses vermeiden und meinte, etwa vorkommende Härten bei sehr erheblichen Ausfällen, welche durch entsprechende Zugänge nicht gedeckt würden, könnten durch einen vom Kreistage zu bewilligenden Erlaß gemildert werden. E. I. 32, 72. VI. 47. M.Erl. v. 2. November 1879, M.Bl. für 1880 S. 10.

Die Vorschrift reicht aber, wie sich demnächst ergeben wird, in ihrer Wirkung erheblich weiter. Hier mag nur bemerkt werden, daß Zu- und Abgangslisten innerhalb der einzelnen Gemeinden, wenigstens bei größerem Umfange der letzteren, doch nicht wohl entbehrt werden können, daß also die Last ihrer Führung blos von dem Kreisausschusse auf die Gemeindevorstände abgewälzt ist.

Im Uebrigen muß noch hervorgehoben werden, daß die Zu- und Abgänge, von denen — nicht im Gesetze, wohl aber — in den Verhandlungen der gesetzgebenden Faktoren mehrfach die Rede ist, sich begrifflich nicht völlig mit den Zu- und Abgängen bei den Staatssteuern decken. Bei letzteren erscheinen alle Berichtigungen der ursprünglichen Veranlagung in der Form von Ab- und Zugängen, auch dann, wenn diese Veranlagung sich als von Anfang an falsch erweist (vgl. oben Bem. zu A. 9). Solche Zu- und Abgänge treffen bei den Kreisabgaben die Gemeinden ꝛc. nicht; insbesondere können auch die Ermäßigungen von Kreisabgaben, welche eintreten, weil in Folge begründet befundener Reklamation die Staatssteuer herabgesetzt wird, nicht als Abgänge behandelt werden; nur Veränderungen in den steuerpflichtigen Personen und Objekten nach Veranlagung der Kreisabgaben kommen hier in Frage.

4. In den Landgemeinden und selbständigen Gutsbezirken muß das Soll auf die einzelnen Pflichtigen nach dem Kreisabgaben-Vertheilungsmaßstabe untervertheilt werden. Diese Vorschrift hat ihren Grund in der unvollkommenen Entwickelung der Abgabensysteme innerhalb vieler Landgemeinden und in den eigenthümlichen kommunalen Verhältnissen der selbständigen Gutsbezirke, wodurch nach Auffassung der Staatsregierung die Feststellung eines allgemeinen Besteuerungsmaßstabes wenigstens fürs platte Land erforderlich gemacht wurde, damit eine gerechte und gleichmäßige Besteuerung für alle dem Kreise angehörigen Pflichtigen erreicht werden könne (vgl. Motive zum §. 10 des I. Entwurfs).

In jenem Satze liegt nun zugleich ausgesprochen, daß etwaige Ausfälle und Abgänge nicht eine Gemeindelast im engeren Sinne werden, welche von den Gemeindegliedern nach dem für Gemeindeabgaben bestehenden Beitragsfuße aufzubringen wäre, sondern daß sie ebenfalls von den Kreisabgabepflichtigen nach dem Vertheilungsmaßstabe der Kreisabgaben gedeckt werden müssen. Wortlaut und Sinn des Gesetzes lassen nicht wohl eine andere Auslegung zu. Wenn der Gemeinde „das Kreisabgabensoll im Ganzen zur Untervertheilung auf die einzelnen Steuerpflichtigen nach dem vom Kreistage beschlossenen Maßstabe überwiesen" wird, so stecken eben in dem Soll die Ausfälle ꝛc. mit und dürfen deshalb nicht nach einem anderen Maßstabe repartirt werden. Was von dem Soll im Ganzen bestimmt ist, muß selbstredend auch von allen einzelnen Theilen gelten; es kann nicht die Absicht gewesen sein, für die Ausfälle, welche möglicherweise — wie sich der Gesetzgeber nicht verhehlt hat — einen erheblichen Umfang annehmen, den Maßstab der Gemeindeabgaben zuzulassen, wenn man ihn überhaupt als ungeeignet erklärt hat. Die Entstehungsgeschichte steht einer solchen Deutung auch keineswegs entgegen. Zwar kehrt in den Verhandlungen, namentlich bei der Berathung des H. H. über den II. Entwurf, wo dieser Punkt am eingehendsten erörtert ist, vielfach in den verschiedensten Wendungen der Gedanke wieder, für die Abgänge habe „die Gemeinde" aufzukommen, und es mag selbst sein, daß dem einen oder anderen der Redner die Ansicht vorgeschwebt hat, die Ausfälle seien von der Gemeinde als solcher, nicht von den Kreisabgabenpflichtigen zu decken. Allein letzteres würde an sich noch nicht entscheiden und ersteres stimmt durchaus mit dem Gesetze überein. Der Gemeinde wird das ganze Soll überwiesen, die Gemeinde muß das ganze Soll zur Kreiskommunalkasse liefern, die Gemeinde hat folglich auch die Ausfälle zu tragen. Die Frage ist nur, wie diese Last innerhalb der Gemeinde aufgebracht wird. In dieser Beziehung sind wieder die Motive zum §. 10 des I. Entwurfs lehrreich. Dort heißt es: „Indem das Kreisabgabensoll für die einzelnen Gemeinden und selbständigen Gutsbezirke im Ganzen berechnet und denselben zur Einziehung und Abführung an die Kreiskommunalkasse überwiesen werden soll, folgt daraus, daß wie den einzelnen Gemeinden und Gutsbezirken die gegen das Soll entstehenden Zugänge zu Gute kommen, ihnen andererseits dem Kreise gegenüber auch die Deckung der Abgänge und Ausfälle obliegt. Den einzelnen Gemeinden ist jedoch die Untervertheilung des auf sie im Ganzen entfallenden Kreisabgabensolls auf die Steuerpflichtigen nicht nach einem selbständig zu beschließenden bez. nach dem für die Aufbringung der Gemeindeabgaben bestehenden Maßstabe überlassen; sie haben vielmehr für die Untervertheilung wiederum denselben Maßstab anzuwenden, welcher vom Kreistage für die Vertheilung der Kreisabgaben allgemein beschlossen ist." Daß die hier besprochene Untervertheilung sich auch auf die unmittelbar vorher erwähnte „Deckung der Abgänge und Ausfälle" mitbezieht, scheint bei unbefangener Betrachtung nicht füglich in Abrede genommen werden zu können. — Die Aufbringung der Abgänge nach dem Kreisabgaben-Vertheilungsmaßstabe steht schließlich auch damit in Einklang, daß umgekehrt die Zugänge gleichfalls nur nach den für die Kreisabgaben geltenden Grundsätzen berechnet und erhoben werden. Hierüber waltet ein Zweifel nicht ob. Es ergeben sich daraus aber allerdings recht befremdende Folgerungen. Denn die Entscheidung, ob eine im Laufe des Jahres kreisabgabenpflichtig gewordene Person z. B. ein Neuzugezogener in Anspruch genommen werden kann und zu welchem Betrage dies geschehen darf, kommt hier nicht dem Kreisausschusse, sondern dem Gemeindevorsteher zu. Der Kreis ist bei derartigen Vorgängen ganz unbetheiligt; seine Organe können deshalb dabei auch keine Thätigkeit entfalten. Der Gemeindevorsteher muß also statt des Kreisausschusses eintreten; er wird für solche Fälle zur selbständigen Veranlagungsbehörde in ganz derselben Weise, wie es sonst der

Kreisausschuß ist; er unterliegt dabei aber, wie sich später zeigen wird, nicht einmal einer Rechtskontrole. Das sind in der That Erscheinungen, welche in das ganze System wenig passen und an welche anscheinend bei den gesetzgeberischen Verhandlungen Niemand gedacht hat; wie man aber darüber hinwegkommen könnte, ist nicht abzusehen.

5. Den Städten bleibt die Beschlußnahme darüber, wie ihre Antheile an den Kreisabgaben aufgebracht werden sollen, vorbehalten (§. 11 Abs. 2) d. h. die Städte können das Soll entweder ebenfalls nach dem für die Kreisabgaben bestehenden Maßstabe untervertheilen oder auf den städtischen Haushalt übernehmen, sodaß es aus der städtischen Hauptkasse bestritten und gleich sonstigen Gemeindebedürfnissen gedeckt wird. Darüber hinausgehende Rechte haben den Städten durch den Abs. 2 des §. 11 nicht verliehen werden sollen. Wie die Beschlußnahme zu bewirken ist, richtet sich nach der städtischen Verfassung. Wird untervertheilt, so kommen die eben entwickelten Grundsätze zur Anwendung. Wird nicht untervertheilt, so findet eine Heranziehung der städtischen Einwohner zu Kreisabgaben überhaupt nicht statt; was sie etwa zur Deckung des Kreisabgabensolls in den Gemeindesteuern mitaufbringen, behält den Charakter von Gemeindeabgaben; die städtischen Kreisangehörigen scheiden also in Betreff der Abgabepflicht aus ihrem Verhältnisse zum Kreise aus und die Stadt tritt dafür mit dem gesammten Soll selbstschuldnerisch ein. E. I. 65, 66; V. 10, 54. Der Natur der Sache nach umfaßt der Beschluß stets das Soll im Ganzen; wird es also übernommen, so ist es nicht zulässig, einzelne Theile z. B. die Beiträge der Forensen, juristischen Personen 2c. davon auszuschließen und unterzuvertheilen. Demgemäß erstreckt sich der Beschluß auch von selbst auf etwaige Nach-

forderungen von Seiten des Kreises (vgl. unten Bem. zu 8 dieses Abschnittes); dieselben können nicht in anderer Weise, als der ursprüngliche ausgeschriebene Betrag, gedeckt werden. E. IV. 55.

6. Die Kreisausschüsse halten sich nicht immer streng an das Verfahren, wie es sich nach dem Gesetz gestalten müßte. Abgesehen davon, daß meistens nicht erst die Kreissteuerbeträge der einzelnen Pflichtigen ermittelt und sodann zusammengerechnet werden, sondern eine Berechnung des Solls für die Gemeinden in Bausch und Bogen nach der Gesammtsumme der verschiedenen auf die Gemeinden fallenden Staatssteuern erfolgt, werden namentlich auch die Beiträge der Forensen, juristischen Personen 2c. oft direkt gefordert. Handelt es sich dabei um Landgemeinden oder selbständige Gutsbezirke, so kann die Unregelmäßigkeit meistens auf sich beruhen bleiben, da hieraus bei der Verpflichtung des Gemeinde- bez. Gutsvorstehers, das Soll nach demselben Maßstabe, den der Kreisausschuß angewendet hat, unterzuvertheilen, weder für die Pflichtigen noch für die Gemeinden 2c. ein Nachtheil entsteht. E. I. 65, 71, 77; IV. 57; V. 54. Vorausgesetzt wird natürlich, daß der Gemeinde- bez. Gutsvorsteher nicht auch seinerseits die betr. Kreisabgabe von dem Forensen 2c. einzieht. Dagegen kann die direkte Einforderung für den Kreis selbst zum Schaden ausschlagen; denn er begiebt sich damit des Vortheils, daß ein demnächst etwa eintretender Abgang ohne Weiteres von der Gemeinde getragen werden muß. Wo eine Stadt untervertheilt, ist das Verhältniß ganz dasselbe. Uebernimmt aber die Stadt das Soll, so wird eine direkte Heranziehung von vorn herein unstatthaft; der Pflichtige hat hier eben überhaupt keine Kreisabgaben mehr zu entrichten; muß also mit einer auf Freilassung gerichteten

Klage gegen den Kreisausschuß jedesmal durchdringen. Im eigenen Interesse des Kreises ist es daher dringend angezeigt, von einer direkten Einforderung gänzlich Abstand zu nehmen, zumal der Kreisausschuß zur Zeit der Ausschreibung nicht immer mit Sicherheit wird übersehen können, ob eine Stadt demnächst untervertheilt oder nicht. — Mehrfach kommt es vor, daß der Kreisausschuß zwar die Beiträge der Forensen ꝛc. in das Gemeindesoll mitaufnimmt, trotzdem aber den Forensen ꝛc. eine direkte Mittheilung über die Veranlagung und die zu zahlende Abgabe macht. Hieraus können leicht Zweifel hervorgehen, ob in letzterem eine direkte Einforderung zu erblicken ist; wenn also die Mittheilung nicht ganz unterbleiben soll, was sich jedenfalls am meisten empfiehlt, so wird ihr mindestens eine solche Form zu geben sein, daß der Forense ꝛc. deutlich ersieht, wozu die Eröffnung dienen soll.

7. Nähere Anordnungen über Ausschreibung und Einziehung der Kreisabgaben fehlen in der K. O. Die bezüglichen Bestimmungen der Staatssteuergesetze können nicht herübergenommen werden. Seitens der Forensen, juristischen Personen ꝛc. ist freilich wohl versucht, aus dem §. 15 abzuleiten, daß ihnen gegenüber bei der forensischen Besteuerung die Vorschriften des §. 23 des Gesetzes vom 1. Mai 1851 in der Fassung des Gesetzes vom 12. März 1877 (G. S. S. 17) sinngemäß zur Anwendung gebracht werden müßten und daß ihnen folglich vermittelst einer verschlossenen Zuschrift nicht allein die festgestellte Steuerstufe wie der Betrag der zu entrichtenden Steuer bekanntzumachen, sondern auch eine Belehrung über das Reklamationsverfahren zu ertheilen sei. Das O. V. G. hat das indeß abgewiesen, weil der §. 15 nicht von der Ausschreibung, sondern nur von der Vertheilung der Kreisabgaben handele und lediglich auf die hierfür

maßgebenden materiellen Vorschriften der Staatssteuergesetze verweise. E. Neiße 26. September 1877; Weißenfels 14. Juni 1880 u. VI. 3. Es wäre auch eine mehr als auffallende gesetzgeberische Gestaltung, wenn blos für die forensische Besteuerung bestimmte Normen hinsichtlich der Ausschreibung gegeben sein sollten. Somit ist man ausschließlich auf die im §. 19 der K. O. enthaltene Vorschrift angewiesen, wonach Einsprüche gegen die Heranziehung und Veranlagung innerhalb zweier Monate „nach erfolgter Bekanntmachung der Abgabenbeträge" beim Kreisausschuß anzubringen sind. Bisher mußte in dieser Beziehung auf die Bestimmungen im §. 1 des Gesetzes über die Verjährungsfristen bei öffentlichen Abgaben vom 18. Juni 1840[1]) zurückgegangen werden. Wenn

---

[1]) §. 1 Abs. 1. Reklamationen gegen direkte Steuern, namentlich gegen Abgaben, welche nach den Etats, Katastern oder Jahresheberollen als Grundsteuer durch Ortserheber oder unmittelbar durch Unsere Kassen von den Steuerpflichtigen erhoben werden, imgleichen gegen die Klassen- und Gewerbesteuer, sowie gegen diejenigen Abgaben, welche in Folge des §. 11 des allgemeinen Abgabegesetzes vom 30. Mai 1820, als auf einem speziellen Erhebungstitel beruhend, zu entrichten sind, müssen ohne Unterschied, ob sie auf Ermäßigung oder auf gänzliche Befreiung gerichtet sind, binnen drei Monaten vom Tage der Bekanntmachung der Heberolle oder wenn die Steuer im Laufe des Jahres auferlegt worden, binnen drei Monaten nach erfolgter Benachrichtigung von deren Betrage, oder endlich, im Falle eine periodische Veranlagung und Anfertigung von Heberollen nicht stattfindet, binnen den ersten drei Monaten jedes Jahres, bei der Behörde angebracht werden.

§. 14. Dieses Gesetz findet auch auf öffentliche Abgaben, welche nicht zu Unseren Kassen fließen, sondern an Gemeinden und Korporationen, sowie an ständische Kassen zu entrichten, oder als Provinzial-, Bezirks-, Kreis- oder Gemeindelasten, oder zur Unterhaltung öffentlicher Anstalten aufzubringen sind, sowie auf die mit Einziehung solcher Abgaben beauftragten Beamten Anwendung.

hier unterschieden ist zwischen periodischen und nichtperiodischen Veranlagungen und wenn bei ersteren die Bekanntmachung der Heberolle oder — falls die Steuer im Laufe des Jahres auferlegt wird — die Benachrichtigung von deren Betrage für den Beginn der Reklamationsfrist entscheidet, bei den nichtperiodischen Veranlagungen dagegen, wo eine Anfertigung von Heberollen nicht stattfindet, die Reklamationsfrist mit dem Beginne des Jahres anfängt, so hatte diese Unterscheidung für die Kreisabgaben insofern keine Bedeutung, als bei ihnen nur periodische Veranlagungen in Frage kommen. Die für letztere bestehenden Vorschriften hat der Gesetzgeber — abgesehen von der anderweiten Normirung der Frist, welche von drei auf zwei Monate verkürzt ist — durch die abweichende Fassung der Novelle schwerlich verändern wollen; wenigstens findet sich die Absicht, in Betreff des Beginns der Reklamationsfrist etwas Neues zu schaffen, in den Verhandlungen nirgends angedeutet; und wenn man nun erwägt, daß sich im Anschluß an §. 1 des Gesetzes vom 18. Juni 1840 bei Ausschreibung der Kreisabgaben ein bestimmtes Verfahren durchweg fest eingebürgert hatte, kann man um so weniger annehmen, es habe hieran gerüttelt werden sollen. Man ist deshalb berechtigt, da, wo eine Heberolle angefertigt wird, auch jetzt noch in deren Veröffentlichung eine „Bekanntmachung der Abgabenbeträge“ zu erblicken, sodaß eine an jeden einzelnen Pflichtigen gerichtete und demselben entweder schriftlich zugestellte oder mündlich eröffnete Benachrichtigung nicht unbedingt erforderlich erscheint. Wollte man das beanstanden, so würde vor allem den Magistraten der größeren Städte, welche die Kreisabgaben untervertheilen, eine sehr bedeutende Erschwerung der Arbeitslast zuwachsen, was bei Erlaß der Novelle gewiß nicht beabsichtigt ist. Demnach fängt bei derartigen Heberollen auch gegenwärtig noch die Reklamationsfrist mit dem Tage der Veröffentlichung zu laufen an. Wird eine Heberolle nicht aufgestellt, so muß die Benachrichtigung in einer für derartige Eröffnungen sonst zulässigen Weise erfolgen.

Heberollen können übrigens nicht blos im Anfange, sondern auch im Laufe des Jahres angefertigt und bekannt gemacht werden. Wenn §. 1 a. a. O. den Fall besonders behandelt, wo eine Steuer „im Laufe des Jahres" auferlegt wird, so liegt der Schwerpunkt nicht in den hervorgehobenen Worten, sondern in dem Gegensatze zwischen allgemeinen öffentlichen und nichtöffentlichen Bekanntmachungen; die fr. Worte beruhen nur auf der Voraussetzung, daß besondere nichtöffentliche Benachrichtigungen in der Regel nur ergehen, sofern eine nachträglich im Laufe des Jahres erforderlich gewordene Heranziehung Einzelner stattfindet. E. Anclam 30. Juni 1877.

Die Kreisausschüsse pflegen nun eine Repartition der auf die einzelnen Gemeinden und Gutsbezirke fallenden Kreisabgaben durch die Kreisblätter zu veröffentlichen und dabei zugleich die Termine, an welchen das Kreisabgabensoll der Kreiskommunalkasse abzuliefern ist, mitzutheilen. Nach dem M. Erl. v. 2. November 1879, M. Bl. 1880 S. 10 sollen in der Repartition die Beträge, welche auf die einzelnen Kategorien des aufzubringenden Staatssteuersolls (Grund-, Gebäude-, Gewerbe-, Klassen- rc. Steuer) treffen, getrennt angegeben werden. Dies ist auch unentbehrlich, damit die Gemeindevorstände in der Lage sind, die Untervertheilung ordnungsmäßig zu bewirken. Weiter müssen indeß zu dem Ende den Gemeindevorständen auch die Beträge, welche von den Forensen, juristischen Personen rc. zu zahlen sind, unter Bezeichnung der steuerpflichtigen Objekte mitgetheilt werden;

denn aus dem Staatssteuersoll vermögen die Gemeindevorstände die für die Forensen ꝛc. festgestellten Kreisabgaben nicht zu berechnen; ob die Beiträge der Forensen ꝛc. in die Repartition selbst mitaufgenommen oder den Gemeindevorständen nebenher angegeben werden sollen, ist eine Frage der Zweckmäßigkeit. Endlich sind auch die Mehrleistungen nach §. 13 besonders kenntlich zu machen.

Eine derartige Repartition gilt als Heberolle gegenüber den Gemeinden und selbständigen Gutsbezirken E. I. 76. Auf Grund derselben ist sodann von den Gemeinde- ꝛc. Vorständen die Untervertheilung auf die einzelnen Pflichtigen vorzunehmen und das Ergebniß den letzteren — sei es wieder durch Hebelisten, sei es durch anderweite Benachrichtigung — zu eröffnen. Nothwendig ist dabei, daß der einzelne Pflichtige den von ihm zu entrichtenden ganzen Kreisabgabenbetrag zu ersehen oder wenigstens sich selbst ohne Weiteres (z. B. bei Einforderung monatlicher Raten oder bei Mittheilung des Prinzipalsteuersatzes, wenn die Höhe des Zuschlags bereits bekannt ist oder noch besonders hinzugefügt wird u. s. w.) zu berechnen vermag. Bei den Forensen ꝛc. muß daneben angegeben werden, für welches steuerpflichtige Objekt die Kreisabgabe berechnet ist; denn ohne dies kann der Pflichtige nicht reklamiren. Dagegen brauchen nähere Eröffnungen über die zu Grunde liegende Einschätzung nicht gemacht zu werden. Erachtet der Pflichtige es für wünschenswerth, sich hierüber vor weiteren Schritten zu vergewissern, so mag er Erkundigungen bei dem Gemeindevorstande bez. bei dem Kreisausschusse einziehen. E. III. 72, 74; Schwetz 3. Oktober 1878; Weißenfels 14. Juni 1880. Ist in der Benachrichtigung die Höhe der geforderten Summe irrthümlich angegeben, so beeinträchtigt dies die Wirkung der Benachrichtigung nicht —

der Pflichtige kann Einspruch erheben, wobei der Irrthum aufgeklärt und beseitigt werden wird —; dagegen stellt sich die Angabe eines falschen Jahres, wofür gezahlt werden soll, als ein wesentlicher Irrthum dar, sodaß eine neue Benachrichtigung erfolgen muß. E. Anclam 30. Juni 1877.

Sind in den Repartitionen für die Gemeinden ꝛc. auch die von den Forensen, juristischen Personen ꝛc. zu entrichtenden Abgabenbeträge besonders ausgeworfen, so beginnt, selbst wenn alle soeben bezeichneten Erfordernisse für die innerhalb der einzelnen Gemeinden aufzustellenden Hebelisten erfüllt sein sollten, die Reklamationsfrist für die Forensen ꝛc. doch nicht mit dem Tage der Veröffentlichung der Repartition; den einzelnen Zensiten gegenüber dient eben jene Repartition nicht allgemein als Heberolle; sie haben an sich eine Benachrichtigung durch den Gemeindevorstand zu erwarten. Dies führt freilich nicht dahin, daß eine ihnen etwa direkt vom Kreisausschusse zugegangene Benachrichtigung ohne rechtliche Wirkung bliebe; sie tritt vielmehr, wie das O.V.G. in zahlreichen Entscheidungen ohne Bedenken angenommen hat, an die Stelle der Benachrichtigung durch den Gemeindevorstand; allein das Gleiche kann von der Repartition selbst erst dann gelten, wenn sie thatsächlich den Forensen ꝛc. bekannt geworden ist. E. Schwetz 3. Oktober 1878; Usedom 27. Februar 1882.

Die Gemeindevorstände haben bei Ausschreibung der Beiträge den Zeitpunkt, wann die Pflichtigen an den Gemeindeerheber zahlen sollen, so zu bestimmen, daß die rechtzeitige Ablieferung des ganzen Solls an die Kreiskommunalkasse gesichert ist; denn zu einer Vorschußleistung ist die Gemeinde nicht verpflichtet. E. VI. 47.

8. Durch die Bestimmung im §. 11 wird nicht jede Nachforderung von Kreisabgaben unzulässig gemacht. E. IV. 52 ff.

Wenn das Kreisabgabensoll auch für jede Gemeinde „im Ganzen“ berechnet werden soll, so haben doch die Worte: „im Ganzen“ nicht diesen, sondern den oben (Bem. 3 dieses Abschn.) nachgewiesenen Sinn. Entscheidend sind deshalb die §§. 5 u. 6 des bereits erwähnten Gesetzes vom 18. Juni 1840[1]). Was hier für das „Kalenderjahr“ vorgeschrieben ist, gilt in Kreisen, welche ihren Haushalt nach dem Gesetze vom 12. Juli 1876 (G.S. S. 288) vom 1. April bis 31. März führen, vom „Etatsjahre“ (§. 10 a. a. O.). Bei Anwendung der in den §§. 5 u. 6 gegebenen Normen ist nun daran festzuhalten, daß die Kreisabgaben durch Zuschläge zu den direkten Staatssteuern erhoben werden und der Zuschlag zu jeder Steuer an sich als eine besondere Kreisabgabe zu behandeln ist (s. oben Bem. zu B. I. 7.). Das Recht zur Nachforderung gestaltet sich also verschieden, jenachdem ein Zuschlag zur Grund- u. Gebäudesteuer oder zur Gewerbe- u. Klassen- bez. klassifizirten Einkommensteuer in Frage steht; bei beiden ist zwar nur eine Nachforderung während des Kalender- (Etats-) jahres statthaft; bei letzteren wird aber außerdem vorausgesetzt, daß ursprünglich gar kein Zuschlag erhoben, vielmehr der Pflichtige ganz übergangen ist. E. VII. 78 ff. Eine hiernach begründete Nachforderung wird dadurch nicht

[1]) §. 5. Eine Nachforderuug von Grundsteuern ist zulässig sowohl bei gänzlicher Uebergehung, als bei zu geringem Ansatz, in beiden Fällen aber nur für das Kalenderjahr, worin die Nachforderung geltend gemacht wird.

§. 6. Die Nachforderung von Klassen-, Gewerbe- und persönlichen, auf besonderen Titeln beruhenden Steuern findet im Falle gänzlicher Uebergehung nach den im §. 5 enthaltenen Regeln statt; im Fall eines zu geringen Ansatzes fällt bei diesen Steuern jede Nachforderung weg, jedoch unbeschadet der gesetzlichen Wiederumlage bei Gewerbesteuergesellschaften, welche nach Mittelsätzen steuern.

ausgeschlossen, daß eine Stadtgemeinde das Kreisabgabensoll auf den Etat übernommen hat. In Folge eines derartigen Beschlusses tritt freilich die Stadt an die Stelle der zu ihr gehörigen Kreisabgabenpflichtigen insofern, als sie für die Kreissteuern derselben haftet; aber sie wird nicht alleinige Zensitin statt der Pflichtigen; letztere bleiben auch hier die eigentlichen Zensiten, denn es wird nicht die Stadt wegen ihres Einkommens, sondern es werden die Kreisangehörigen auf Grund ihrer gesetzlichen Verpflichtung herangezogen. E. IV. 59.

9. Bei völlig ordnungsmäßigem Verfahren wäre die Veranlagung und Ausschreibung noch vor dem Beginne des Steuerjahres zu bewirken; dies wird indeß kaum jemals ausführbar sein, weil das Staatssteuersoll, welches der Veranlagung zu Grunde gelegt werden muß, meistens nicht früh genug feststeht, um die Veranlagung mit ihren zum Theil recht erheblichen und zeitraubenden Arbeiten bis zu jenem Zeitpunkte zum Abschluß bringen zu können. Dadurch entstehen Streitigkeiten, welche bei rechtzeitiger Ausschreibung überhaupt nicht möglich wären, namentlich in der Richtung, inwiefern bei der Veranlagung auf die inzwischen stattgehabten Veränderungen Rücksicht genommen werden muß. Das O.V.G. hat den Grundsatz aufgestellt, daß unmittelbar vom Kreisausschusse nur derjenige herangezogen werden könne, welcher zur Zeit der Ausschreibung noch kreisabgabenpflichtig sei (E. V. 54); unentschieden ist dabei aber gelassen, ob die Kreisabgabe, welche auf einen im Laufe des Steuerjahres ausgeschiedenen Pflichtigen falle, von der Gemeinde gefordert werden und ob die Gemeinde den Zensiten nach Verhältniß der Besitzzeit heranziehen dürfe. Die Beantwortung dieser Fragen ist nicht leicht. Anscheinend wird man nach der

jener Entscheidung zu Grunde liegenden Auffassung in Beziehung auf die Ansprüche des Kreises gegen die Gemeinde unterscheiden müssen, ob der Zensit zur Zeit, als das Kreisabgabensoll von der Gemeinde verlangt wurde, noch kreisabgabenpflichtig war oder nicht. Im letzteren Falle konnte für ihn ein Betrag in das Soll der Gemeinde ebensowenig aufgenommen werden, wie er selbst direkt besteuert werden durfte; eine Nachforderung ist daher zweifellos unbegründet. Im ersteren Falle — läßt sich sagen — hatte der Kreis einen Anspruch auf das Soll einschließlich des für den fr. Zensiten zu berechnenden Betrages und wenn der Kreisausschuß versäumte, diesen Betrag dem Soll zuzusetzen, so stellt sich derselbe als eine übergangene Forderung dar, welche den vorhin entwickelten Grundsätzen gemäß (s. oben Bem. 8) nachgefordert werden kann. — Die Befugnisse der Gemeinde gegenüber dem Pflichtigen möchten sich nach einem anderen Momente richten. Da die Kreisabgaben — abweichend von den Staatssteuern — nicht zu ein für alle Mal feststehenden Terminen und für bestimmte Zeitabschnitte erhoben werden, kann es darauf nicht ankommen, wie lange ein Zensit im Laufe des Jahres abgabenpflichtig gewesen ist; besteht seine Abgabenpflicht in dem Augenblicke, wo die Abgabe gefordert wird, so muß er zahlen; hat sie dann bereits aufgehört, so fehlt einer Abgabenforderung jeder Boden. Die an sich begründete Pflicht, zu zahlen, wird aber dadurch nicht aufgehoben, daß die Zahlung in dem Zeitpunkte, wo sie eigentlich hätte erfolgen müssen, nicht verlangt ist; die während bestehender Abgabenpflicht fällig gewordenen Kreisabgaben können demnach von der Gemeinde auch nachträglich eingezogen werden.

10. Die Beitreibung der Kreisabgaben erfolgt nöthigenfalls nach Maßgabe der Verordnung, betr. das Verwaltungs-

zwangsverfahren wegen Beitreibung von Geldbeträgen vom 7. September 1879 (G.S. S. 591).

E. Der Einspruch.

1. Wie bereits in dem vorstehenden Abschnitte (D. 7) bemerkt ist, beträgt die Frist zur Erhebung von Einsprüchen — diesen Ausdruck hat die Novelle statt der in den Staatssteuergesetzen und in dem Gesetze vom 18. Juni 1840 gebrauchten Bezeichnung: „Reklamation" eingeführt — zwei Monate nach Bekanntmachung der Abgabenbeträge. Die Verkürzung der Frist, welche früher drei Monate betrug, ist aus der Novelle zum Klassensteuergesetze vom 16. Juni 1875 (G.S. S. 235) herübergenommen. — Ueber den Beginn der Frist ist das Erforderliche gleichfalls bei der erwähnten Gelegenheit abgehandelt. Innerhalb der Frist muß der Einspruch bei dem Kreisausschusse eingehen. Da die Frist präklusivisch ist, hat der Verwaltungsrichter ihre Innehaltung im Streitverfahren von Amtswegen zu prüfen, sodaß auch dann, wenn der Kreisausschuß bei der Bescheidung auf den Einspruch über die Versäumung hinweggesehen und dieselbe im Streitverfahren ebenfalls nicht gerügt haben sollte, auf Abweisung der Klage erkannt werden muß. E. IV. 54.

Durch die Klage kann der Einspruch nicht ersetzt werden; ohne vorgängige Reklamation fehlt der Klage ein nothwendiges Fundament. E. VI. 130.

2. Die Frage: wer reklamiren und demgemäß bei Abweisung der Reklamation nach §. 19 beim Bezirksverwaltungsgerichte klagen kann, bietet Schwierigkeiten, welche wesentlich in dem Prinzipe des §. 11 wurzeln. Man betritt hier ein

einigermaßen dunkeles, auch durch die Entscheidungen des O.V.G. noch nicht vollständig aufgeklärtes Gebiet; für die Orientirung läßt sich aus den Verhandlungen über die Entwürfe zur K.O. nur geringes Material entnehmen; anscheinend haben sich die gesetzgebenden Faktoren die Wirkungen des §. 11 nach dieser Seite hin nicht durchweg vergegenwärtigt; es wäre sonst kaum zu erklären, daß man bei verschiedenen Punkten nicht blos von einer näheren Regelung Abstand genommen, sondern die in der Sache liegenden Zweifel auch nicht einmal zur Sprache gebracht hat.

Der §. 19 der K.O. überwies „Beschwerden der Gemeinden und einzelner Kreisangehörigen wegen ihrer Heranziehung oder Veranlagung zu den Kreisabgaben“ der Entscheidung des Verwaltungsgerichts, ohne anzudeuten, wann die Einen oder die Anderen zur Beschwerde-Erhebung befugt seien. Der demnächst den §. 19 ersetzende §. 65 des Zuständigkeitsgesetzes vom 26. Juli 1876 sprach von „Reklamationen gegen die Heranziehung oder Veranlagung der Gemeinden und einzelner Kreisangehöriger, sowie der Forensen, juristischen Personen, Kommanditgesellschaften auf Aktien, Aktiengesellschaften und Berggewerkschaften zu den Kreisabgaben“; er erläuterte oder vervollständigte also den Ausdruck: „Kreisangehörige“, enthielt sich aber gleichfalls jedes Ausspruches über die Voraussetzungen des Reklamationsrechts für die Gemeinden einer- und die Kreisangehörigen andererseits. Der gegenwärtig geltende §. 19 der K.O. endlich, wie er aus der Fassung der Novelle hervorgegangen ist, sieht von einer Bezeichnung der Einspruchsberechtigten gänzlich ab. Unter diesen Umständen ist man lediglich auf dasjenige angewiesen, was sich aus den sonst etwa in Betracht kommenden Bestimmungen der K.O. und aus der Natur der Sache ergiebt.

Wenn nun die Kreisbesteuerung auf dem System der Individualbesteuerung aufgebaut ist und wenn dies System auch bei der im §. 11 vorgeschriebenen Erhebung der Kreisabgaben durch die Gemeinden insofern festgehalten wird, als die Untervertheilung in der Regel nach demselben Maßstabe, nach welchem die Kreisabgaben veranlagt sind, erfolgen muß, so können zweifellos die einzelnen Pflichtigen gegen diejenigen Beträge reklamiren, welche ihnen von Seiten des Kreisausschusses angesonnen und deshalb auch durch die Gemeinden abgefordert werden. Ob die Pflichtigen Kreisangehörige im engeren Sinne oder Forensen, juristische Personen rc. sind, begründet keinen Unterschied; der §. 65 des Zuständigkeitsgesetzes hat das ausdrücklich anerkannt; es ist aber auch vorher vom O. V. G. nie bezweifelt. Wird die einzelne Gemeinde in ihrer Eigenschaft als juristische Person wegen des Besitzes von Grundeigenthum oder wegen eines Gewerbe- bez. Bergbau-Betriebes herangezogen, so steht sie jedem anderen Zensiten gleich.

Dies Einspruchsrecht der einzelnen Pflichtigen fällt dagegen nach den Ausführungen zu D. 5 fort, wenn eine Stadtgemeinde das Soll auf den Etat übernimmt; hier kann es ein solches Recht nur ausnahmsweise geben, nämlich für denjenigen, von welchem der Kreisausschuß dem Gesetze zuwider eine Kreisabgabe direkt gefordert haben sollte. Im Uebrigen geht die Befugniß zur Reklamation von den Pflichtigen auf die Stadt über, welche die Richtigstellung der Veranlagung in demselben Umfange verlangen kann, wie dies bei erfolgter Untervertheilung von den Einzelnen hätte geschehen können. Erachten sich die städtischen Einwohner beschwert durch ihre Heranziehung zu den Gemeindesteuern, welche zur Deckung des Kreisabgabensolls mitdienen, so haben sie ihre Rechte auf dem durch die Städteordnung oder das betr. Gemeindesteuer-Regulativ vorgesehenen Wege wahrzunehmen. Auch wo der Magistrat irrthümlich von einzelnen Pflichtigen (etwa von solchen, welche der städtischen Gemeindebesteuerung nicht oder in anderer Weise unterliegen) dieselben Beträge, welche der Kreisausschuß veranlagt hat, als Kommunalsteuer oder neben derselben einziehen will, muß entweder dieser Weg betreten oder Beschwerde bei der Aufsichtsbehörde erhoben werden; ein Einspruch beim Kreisausschusse, welcher dem Einzelnen nicht mehr als der Steuerfordernde gegenübersteht, erscheint unstatthaft. E. Cottbus 6. Februar 1878.

Aus demselben Grunde scheiden für die Reklamation von Seiten des Einzelnen alle sonstigen Fälle aus, wo der Kreis — es mag der Anspruch des Einzelnen begründet sein oder nicht — unter allen Umständen sein Soll von der Gemeinde erhält. Nur wenn die Abgabenforderung mit dem Erfolge bestritten werden kann, daß beim Obsiegen des Pflichtigen der Kreis das Soll um den beanstandeten Betrag herabsetzen müßte, ist der Kreis rechtlich betheiligt; fehlt es an jener Voraussetzung, so richtet sich der Widerspruch des Pflichtigen nicht gegen den Kreis, sondern gegen die Gemeinde bez. gegen das Verfahren des Gemeindevorstehers, welches nicht mit dem Rechtsmittel des Einspruches, sondern nur durch Anrufen der Aufsichtsbehörde angefochten werden kann. E. Labiau 16. Oktober 1879; V. 129; VI. 51, 52. So liegt die Sache immer, wenn nicht die Veranlagung des Kreisausschusses, sondern die Untervertheilung als solche den Anlaß zur Beschwerde giebt, sei es, daß der Pflichtige eine von Anfang an vorhandene oder eine später eingetretene Unrichtigkeit der Untervertheilung behauptet. In letzterer Beziehung mag besonders auf solche Verhältnisse hingedeutet werden, wo die ursprünglich begründete Steuerpflicht im Laufe des Steuerjahres (durch Verzug aus dem Kreise, Verkauf des Grundstückes, Aufgabe des Gewerbes ꝛc.) erlischt und der Abgang dem Kreise gegenüber von der Gemeinde gedeckt werden muß. In ersterer Beziehung kommen auch diejenigen Fälle in Betracht, wo eine Steuerpflicht nach abgeschlossener Veranlagung (durch Zuzug in den Kreis, Erwerb von Grundeigenthum, Einrichtung eines Gewerbebetriebes ꝛc.) neu entsteht und die Heranziehung — ohne Mitwirkung des Kreisausschusses — lediglich von Seiten des Gemeindevorstehers erfolgt. — Daß hierdurch ein einigermaßen auffallender Rechtszustand geschaffen ist, läßt sich nicht verkennen. Während man im Allgemeinen jede Beschwerde über Heranziehung oder Veranlagung zu den Kreisabgaben auf den Weg des Einspruches verwiesen und schließlich der Rechtsprechung durch die Verwaltungsgerichte unterstellt hat, werden hier Streitigkeiten, welche genau denselben Gegenstand betreffen, nach ganz gleichen Grundsätzen zu entscheiden sind und dieselbe Bedeutung für die Pflichtigen haben, dem gerichtlichen Schutze entzogen, ohne daß ein innerer Grund dafür zu entdecken wäre. Zuweilen kann das mit besonderer Schärfe hervortreten; die Veranlagung eines Neuzugezogenen z. B. führt vielleicht im folgenden Jahre, wo sie vom Kreisausschusse vorgenommen wird, zu demselben Ergebnisse, wozu der Gemeindevorsteher gelangt ist; im ersten Jahre befindet aber über den Widerspruch des Pflichtigen lediglich die Aufsichtsbehörde in einem gesetzlich nicht weiter geordneten Verfahren; im zweiten Jahre muß der Widerspruch durch Reklamation und Klage erledigt werden. Bei gegenwärtiger Lage der Gesetzgebung ist daran aber nichts zu ändern.

Zweifelhafter steht es mit den Befugnissen der Gemeinden, wo dieselben nicht als reklamirende Einzelpflichtige, sondern auf Grund der ihnen aus dem §. 11 erwachsenden Obliegenheiten auftreten. Wenn auch der an die Spitze zu stellende Satz unanfechtbar sein dürfte, daß die Gemeinde ein Einspruchs- und Klagerecht nur da besitzt, wo sie an der Berichtigung des von ihr bemängelten Kreisabgabensolls ein eigenes rechtliches Interesse hat, so kann man doch über das Vorhandensein dieser Vorbedingung in dem einen oder anderen Falle verschiedener Meinung sein. Zuvörderst würde die Gemeinde, wenn sie die im Laufe des Steuerjahres eintretenden Abgänge als Gemeindelast zu decken hätte (vgl. oben Bem. zu D. 4) gewissermaßen stets bei der Richtigstellung des Solls selbst betheiligt sein, weil sie falsch veranlagte Beträge eventuell, bei etwaigem Ausfalle der Pflichtigen, ihrerseits aufbringen müßte. Hieraus würde indeß unter keinen Umständen die Befugniß zur Reklamation abgeleitet werden können. Man käme sonst dahin, daß regelmäßig gegen jede Veranlagung des einzelnen Pflichtigen ein doppeltes Einspruchs- und Klagerecht, nämlich der Gemeinde und des Pflichtigen selbst, gegeben wäre; das kann aber um so weniger die Absicht des Gesetzes sein, als die beiden Klagen, deren Vereinigung der Verwaltungsrichter nicht immer in der Hand haben würde, in ihrem schließlichen Erfolge recht wohl zu abweichenden Resultaten führen könnten und daraus unlösliche Schwierigkeiten hervorgehen müßten. — Nimmt man dagegen an, daß die Ausfälle auf die Pflichtigen mitunterzuvertheilen sind, so kommt ein Einspruchsrecht der Gemeinde aus dem beregten Grunde überhaupt nicht in Frage.

Ob das O.V.G. nicht zuerst von einer anderen Auffassung ausgegangen ist, wenn es in E. I. 64 ausgesprochen hat, die Ergebnisse der Veranlagung für die eigentlichen Kreisangehörigen und für die Forensen, juristischen Personen 2c. müßten gleichzeitig zur Kenntniß der Gemeinden gebracht werden, damit sie die Berechnung der Antheile im Ganzen prüfen und nöthigenfalls deren Korrektur in dem Beschwerdewege des §. 19 beantragen könnten, mag dahingestellt bleiben. Später ist zu wiederholten Malen entschieden worden, daß die Gemeinde oder der selbständige Gutsbezirk nicht klagen könne, wo der einzelne Pflichtige hierzu berechtigt erscheine, da sie nicht berufen seien, die Interessen der einzelnen Pflichtigen im Reklamations- und Streitverfahren wahrzunehmen. E. Pr.-Eylau 14. November 1877; Königsberg 14. November 1878; Kattowitz 19. Mai 1881.

In Konsequenz dieser Anschauung wird man aber der Gemeinde 2c. ein Einspruchsrecht dann zugestehen müssen, wenn bei Berechnung des Kreisabgabensolls Irrthümer untergelaufen sind, welche durch Klage des Einzelnen nicht beseitigt werden können, z. B. wenn in dem Soll Beträge für Personen enthalten sind, auf welche, weil sie bei Beginn des Steuerjahres bereits verstorben 2c. waren, eine Untervertheilung nicht ausführbar ist. Hier bleibt als zur Reklamation und Klage berechtigtes Subjekt niemand anderes, als die Gemeinde 2c., übrig.

Darüber hinaus läßt sich ein Einspruchsrecht der Gemeinde nicht anerkennen. Man könnte noch daran denken, ihr dasselbe in solchen Fällen einzuräumen, wo eine unrichtige Berechnung des Solls im Ganzen, d. h. gleichmäßig für alle einzelnen Beträge (z. B. durch eine vielleicht auf Versehen beruhende Erhebung unzutreffender Prozentsätze) behauptet wird. Allein auch hier würde die Veranlagung der einzelnen Pflichtigen, ungeachtet sie, was das Steuersoll bez. die Einschätzung anlangt, auf richtigen Grundlagen beruht, im Resultat eine falsche sein und demnach jeder Einzelne Widerspruch erheben können. Daß sämmtliche Pflichtige zur Klage gezwungen wären und somit erst vermittelst einer möglicherweise sehr großen Zahl von Rechtsstreiten dasselbe Ziel erreicht werden könnte, was sich sonst durch Eine Klage von Seiten der Gemeinde erreichen ließe, mag ein Uebelstand sein, wird sich aber bei Festhaltung des vom O.V.G. angenommenen und nur zu billigenden Grundsatzes nicht vermeiden lassen. Man geriethe sonst auch hier wieder in die mißliche Lage, daß wegen des gleichen Gegenstandes zwei Klagen von verschiedenen Parteien angestrengt werden könnten. Uebrigens dürften derartige Angriffe gegen das Soll in Wirklichkeit selten vorkommen und noch seltener begründet sein.

Endlich bleibt noch Eins hervorzuheben. Nach allgemeinen Grundsätzen, die unentbehrlich sind, wenn nicht die ganze Steuerausschreibung der Gefahr, in völlige Verwirrung zu gerathen, ausgesetzt werden soll, und die deshalb bei jeder Art von Kommunalbesteuerung zur Anwendung kommen, kann ein Einspruch niemals darauf gegründet werden, daß die Veranlagung anderer Pflichtigen zu niedrig sei und daraus eine ungerechtfertigte Erhöhung des von dem Reklamirenden geforderten Betrages hervorgehe. Schon aus diesem Grunde werden also auch die Gemeinden keinen Einspruch erheben können, wenn sie meinen, daß für andere Gemeinden das Soll in einer auf das eigene Soll zurückwirkenden Summe irrthümlich berechnet sei. Eine Benachtheiligung läßt sich hier, wenn überhaupt, nur im Wege der Vorstellung beim Kreisausschusse bez. Kreistage oder der Beschwerde bei der Aufsichtsbehörde abwenden. Sollte die bereits angezogene

E. I. 64 auf der entgegenstehenden Ansicht fußen, so würde letztere der Berechtigung entbehren.

3. Gegenstand des Einspruchs kann nur eine bestimmte Steuerforderung bilden, hinsichtlich welcher der Herangezogene entweder Ermäßigung oder gänzliche Befreiung verlangt. Eine Erörterung bloßer Grundsätze, die bei der Veranlagung zu beobachten sind, findet im Reklamationsverfahren nicht statt. Entstehen über die Art der Veranlagung oder das Verfahren des Kreisausschusses zwischen diesem und dem Pflichtigen Streitigkeiten, welche in jenen Rahmen nicht passen, so hat darüber lediglich die Aufsichtsbehörde des Kreisausschusses zu befinden. So wird z. B. ein Gemeindevorstand die Anfsichtsbehörde anrufen müssen, wenn er glaubt, zur Prüfung des für die Gemeinde berechneten, von ihr übernommenen Solls (etwa zur Feststellung der für Beamtenbefreiungen abzusetzenden Beträge) die nöthigen Unterlagen sich nur vom Kreisausschusse verschaffen zu können, dieser aber die verlangten Mittheilungen ablehnt. Aus einem derartigen Verhalten kann der Gemeindevorstand nicht die Berechtigung zur Einbringung einer Reklamation ableiten, ohne darin den Gegenstand so speziell zu bezeichnen, daß der Kreisausschuß sicher zu erkennen vermag, welche einzelne Forderung einer nochmaligen Prüfung und Entscheidung unterworfen werden soll. E. Ruppin 23. Dezember 1880. Durch Reklamationen, welche den bezeichneten Erfordernissen nicht genügen, wird die Einspruchsfrist nicht gewahrt.

4. Einsprüche gegen die Höhe von Kreiszuschlägen zu den direkten Staatssteuern, welche sich gegen den Prinzipalsatz der letzteren richten, sind unzulässig — ein Satz, welcher sich aus dem Prinzip der Kreisbesteuerung nothwendig ergiebt in der Novelle aber noch besondere Aufnahme gefunden hat.

Daß unter den „Prinzipalsätzen der direkten Staatssteuern" nicht auch die vom Kreisausschusse nach §. 15 festgestellten fingirten Prinzipalsätze zu verstehen sind, bedarf kaum der Bemerkung.

5. Das Gesetz kennt als geordnetes Rechtsmittel für den Pflichtigen, um eine seiner Ansicht nach ungerechtfertigte Heranziehung abzuwehren, nur den Weg des Einspruchs innerhalb der dafür gesetzten Frist. Hierdurch kann dem Pflichtigen der rechtliche Schutz auch da, wo er nach allgemeinen Grundsätzen gegeben sein müßte, abgeschnitten werden. Es tritt das namentlich auffallend hervor, wenn ein Pflichtiger gegen seine Veranlagung zur Staatssteuer reklamirt und auch Ermäßigung erlangt hat, inzwischen aber die Einspruchsfrist abgelaufen ist. Nach der oben (B. I. 10) gegebenen Darlegung wäre hier der Kreisabgabenbetrag allerdings entsprechend herabzusetzen. Läßt sich aber der Kreisausschuß darauf nicht ein, so fehlt dem Pflichtigen jedes Rechtsmittel; eine in solchem Falle angestellte Klage hat das O.V.G. denn auch abgewiesen. E. Ober-Barnim 24. April 1879.

Aehnlich steht es mit dem Falle, von welchem §. 1 Abs. 4 des Gesetzes vom 18. Juni 1840[1]) handelt. Die hier vorgesehene Anzeige an die Behörde, welche die Absetzung der Steuer beim Erlöschen der Steuerpflicht im Laufe des Steuerjahres zur Folge haben soll, ist keine Reklamation im Sinne des Gesetzes. Denn es giebt keinen Einspruch, welcher unabhängig von der Reklamationsfrist in jedem Zeitpunkte an-

[1]) §. 1 Abs. 4: Tritt eine solche Veränderung ein, wodurch die bisherige Steuerverpflichtung aufgehoben wird, so muß davon der Behörde Anzeige gemacht werden. Bis zu Ende des Monats, in welchem diese Anzeige erfolgt, kann die Entrichtung der Steuer gefordert werden.

gebracht werden könnte, sobald ein Ereigniß eintritt, aus welchem der Pflichtige eine Befreiung oder Ermäßigung für die dahinter liegende Zeit ableiten zu können meint. E. Aschersleben 13. September 1880. Also auch da, wo der Anspruch gegen den Kreis gerichtet wird, z. B. wenn ein Forense direkt herangezogen ist, im Laufe des Steuerjahres aber sein die Steuerpflicht begründendes Verhältniß löst, fehlt ihm der Rechtsschutz.

Unter derartigen Umständen bleibt dem Pflichtigen nur übrig, sich an die Aufsichtsbehörde oder an den Kreistag zu wenden. Letzterer hat überall die Befugniß, einen Steuererlaß zu bewilligen, selbst auf bloße Billigkeitsgründe hin (vgl. die Erklärung des Regierungs-Kommissars in der Sitzung des H. H. vom 25. Oktober 1872. Sten. Ber. S. 435).

6. Ueber den erhobenen Einspruch hat der Kreisausschuß zu beschließen und sodann dem Reklamanten Bescheid zu ertheilen. Ein solcher Bescheid bildet die nothwendige Voraussetzung für Anstellung einer Klage; seine Ertheilung muß also abgewartet werden. E. VI. 130. Sollte der Kreisausschuß damit ungebührlich zögern, so würde der Pflichtige wieder die Hülfe der Aufsichtsbehörde in Anspruch nehmen müssen.

Besondere Formen für den Bescheid sind nicht vorgeschrieben (vgl. E. VIII. 155); um so mehr können Zweifel entstehen, ob eine dem Pflichtigen zu Theil gewordene Erwiederung als Bescheid auf den Einspruch anzusehen ist. Daß nicht jede Eröffnung, welche nach Einbringung des Einspruches von Seiten des Kreisausschusses an den Pflichtigen ergeht, diesen Charakter zu haben braucht, erhellt ohne Weiteres; der Kreisausschuß kann aus der Reklamation Anlaß nehmen, in nähere Erörterungen einzutreten und zu dem

Ende Verhandlungen mit dem Pflichtigen anzuknüpfen. Ausschlaggebend wird deshalb sein müssen, ob anzunehmen ist, daß in dem Bescheide ein endgültiger Ausspruch über die Forderungen des Pflichtigen hat erfolgen sollen. Wenn der Kreisausschuß die verlangte gänzliche Freilassung ablehnt, daneben aber eine anderweite Veranlagung in Aussicht stellt und dem Pflichtigen anheimgiebt, dazu die nöthigen Vorlagen herbeizuschaffen, so fehlt es trotz der Abweisung des gestellten Antrages an einer definitiven Bestimmung über die vom Pflichtigen zu entrichtende Abgabe und liegt deshalb ein Reklamationsbescheid nicht vor. Geht nun auch der Pflichtige auf das vom Kreisausschusse eröffnete Verfahren nicht ein, sondern beharrt einfach bei seinem ursprünglichen Antrage auf völlige Befreiung, so kann der endgültige Bescheid doch nur in der nunmehr ergehenden, die Reklamation überhaupt ablehnenden Eröffnung erblickt werden. E. VIII. 17, 18. Hat dagegen der Kreisausschuß den Pflichtigen definitiv beschieden, so hemmt eine nochmalige Gegenvorstellung, der gegenüber der Kreisausschuß entweder schweigt oder lediglich seinen Bescheid aufrecht erhält, den Lauf der Klagefrist nicht. E. IV. 54.

F. Die Klage.

1. Innerhalb zweier Wochen — bis zum Erlaß der Novelle betrug die Frist 21 Tage — kann gegen den Beschluß des Kreisausschusses bei dem Bezirksverwaltungsgerichte Klage erhoben werden. Die Frist läuft vom Empfange des Reklamationsbescheides; über die Zustellung desselben sind keine besonderen Vorschriften getroffen; es genügt daher jeder Nachweis, daß der Bescheid in einem bestimmten Zeitpunkte

dem Pflichtigen zugegangen bez. bekannt geworden ist. Das dem Fiskus und gewissen anderen juristischen Personen eingeräumte Privileg einer Verdoppelung der Rechtsmittelfrist (§§. 21, 22 der Verordnung vom 14. Dezember 1833, G.S. S. 302; Art. 13 der Deklaration vom 6. April 1839, G.S. S. 126) kommt hier nicht zur Anwendung. E. Neiße 23. Mai 1879. — Auch die Wahrung der Klagefrist ist durch den Verwaltungsrichter von Amtswegen zu beachten; Versäumung hat Abweisung der Klage zur Folge.

Die Klage muß beim Bezirksverwaltungsgericht selbst angebracht werden; ist sie irrigerweise bei einer anderen Behörde, etwa beim Kreisausschusse eingereicht und deshalb die Frist nicht innegehalten, so kommt dem Kläger weder der §. 81a des Verwaltungsgerichtsgesetzes vom $\frac{\text{3. Juli 1875}}{\text{2. August 1880}}$ [1]), noch der §. 3 Satz 2 des Gesetzes über die Reklamationen und Verjährungsfristen bei öffentlichen Abgaben vom 18. Juni 1840 [2]) zu Gute. Ersterer nicht, weil er sich nur auf Beschwerden gegen Verfügungen der Verwaltungsgerichte bezieht, letzterer nicht, weil das Verfahren für Streitsachen dieser Art, ebenso wie früher durch §. 65 des Zuständigkeitsgesetzes

[1]) § 81a. Abs. 1. Die Beschwerde kann innerhalb der für dieselbe vorgeschriebenen Frist bei dem Gerichte, gegen dessen Entscheidung sie gerichtet ist, oder bei dem angerufenen Gerichte eingelegt werden.

[2]) §. 3. Wird in den Fällen der §§. 1 und 2 die Reklamation ganz oder theilweise zurückgewiesen, so ist dagegen der Rekurs an die vorgesetzte Behörde binnen einer Präklusivfrist von sechs Wochen, vom Tage der Bekanntmachung des Bescheides an gerechnet, zulässig. Wendet sich der Reklamant an eine inkompetente Behörde, so hat diese das Rekursgesuch an die kompetente Behörde abzugeben, ohne daß dem Reklamanten die Zwischenzeit auf die Frist anzurechnen ist.

vom 26. Juli 1876, jetzt durch §. 19 der K.O. in Verbindung mit §. 35 des Verwaltungsgerichtsgesetzes in erschöpfender Weise neu geregelt ist, ohne daß eine dem §. 3 des Gesetzes vom 18. Juni 1840 entsprechende Vorschrift Aufnahme gefunden hat. E. Pyritz 10. Oktober 1877; Bühlitz 4. Mai 1878; Gr. Strehlen 10. Oktober 1881. Selbst eine grobe Versäumniß, welche sich der Kreisausschuß durch ungebührliche Zurückhaltung der Klageschrift hat zu Schulden kommen lassen, entschuldigt den Kläger nicht. E. Neiße 23. Mai 1879; Beuthen 22. April 1880.

2. Die Klage ist nicht gegen den Kreis, sondern gegen den Kreisausschuß zu richten; denn sie findet „gegen den Beschluß des Kreisausschusses" statt und letzterer ist kraft des Gesetzes befugt, den Pflichtigen durch anderweite selbständige Beschlußfassung klaglos zu stellen, erscheint folglich als dominus litis. E. Fischhausen 23. Mai 1879; Spremberg 31. Januar 1881.

3. Gegenstand der Klage kann — ähnlich wie beim Einspruche — nur die Heranziehung bez. Veranlagung im einzelnen Falle und zwar nur eine bestimmte, ziffernmäßig zu übersehende Forderung bilden; es muß also völlige Befreiung von der verlangten Abgabe oder Ermäßigung der letzteren auf einen genau angegebenen Betrag in Anspruch genommen werden. Dagegen findet ein Streit über die Abgabenpflicht im Allgemeinen nicht statt. In Folge dessen reicht die Wirkung der getroffenen Entscheidung auch nicht über den einzelnen Fall hinaus; dieselben Fragen sowohl über die Abgabenpflicht selbst wie über die Grundsätze der Veranlagung können alljährlich von Neuem zum Gegenstand einer Erörterung im Verwaltungsstreitverfahren gemacht werden. E. I. 89 ff.; III. 158. Ein Antrag auf prinzipielle Entscheidung

der Steuerpflicht ist von vorn herein zurückzuweisen (E. III. 88, 159); doch wird es je nach Lage der Sache nicht unzulässig sein, entweder in einem solchen Antrage zugleich den Antrag auf Entscheidung über die einzelne streitige Forderung als mitenthalten zu erblicken oder anzunehmen, daß die Formulirung des Antrags nur auf einer Ungenauigkeit beruhe und die wirkliche Absicht des Klägers auf die Bestreitung der in Frage kommenden bestimmten Forderung gerichtet sei. E. Jerichow II 5. Dezember 1881. Ebenso hat das O.V.G. öfters eine milde Praxis walten lassen, wenn der eine Ermäßigung der Abgabe bezweckende Antrag nicht sicher erkennen ließ, bis zu welchem Betrage die Herabsetzung beansprucht wurde; jedenfalls ist hier ausreichend erachtet, wenn nur die Einschätzung in eine bestimmte Steuerstufe verlangt war. — In allen derartigen Fällen giebt übrigens die dem Vorsitzenden des Gerichts durch §. 41 des Verwaltungsgerichtsgesetzes auferlegte Pflicht, bei der mündlichen Verhandlung dahin zu wirken, daß von den Parteien die sachdienlichen Anträge gestellt werden, eine Handhabe zur Beseitigung vorhandener Zweifel oder Mängel.

In Uebereinstimmung mit dem an die Spitze gestellten Satze muß die demnächst abzugebende Entscheidung, falls nicht auf Freilassung oder Abweisung des Klägers erkannt wird, den vom Pflichtigen zu entrichtenden Kreisabgabenbetrag feststellen; es dürfen nicht blos die Grundsätze für die Veranlagung festgesetzt werden; über die Anwendung derselben könnte sonst wieder ein neuer Streit entstehen. Ergiebt sich übrigens der Betrag der Kreisabgabe nach der getroffenen Entscheidung bei Ausführung eines einfachen Rechenexempels, so genügt das; es mag also, wenn in allen sonstigen Punkten Einverständniß unter den Parteien herrscht, bei einem Ausspruche über die streitige Höhe des Einkommens, welches herangezogen werden soll, oder über die Steuerstufe, in welche das Einkommen fällt, bez. über den hierdurch gegebenen Prinzipalsteuersatz bewenden. E. II. 54; III. 13; V. 55.

Die Unterlagen für eine dementsprechende Entscheidung hat nach allgemein prozessualischen Regeln der Kläger beizubringen; fehlt es daran, so ist es Sache des Richters, den Kläger zu einer Vervollständigung zu veranlassen; eventuell muß die Klage wegen Mangels an dem erforderlichen Fundamente abgewiesen werden. E. IV. 36; VIII. 41; Fischhausen 27. Januar 1877.

4. Wie sich aus den Erörterungen des vorigen Abschnittes (E. 5 u. 6) ergiebt, hat die Klage immer einen voraufgegangenen Einspruch zur Voraussetzung. Deshalb bestimmt sich zunächst das Recht zur Klageanstellung nach dem Rechte zur Einspruchserhebung. Ferner kann aber auch zum Gegenstande der Klage nur dasjenige gemacht werden, was bereits Gegenstand des Einspruches gewesen ist. Abgesehen davon sind weder die Parteien noch der Richter an die Verhandlungen im Reklamationsverfahren gebunden; der Pflichtige kann seine Klage anders, als beim Einspruche begründen und der Kreisausschuß seine Veranlagung in anderer Weise, als im Reklamationsbescheide zu rechtfertigen suchen; denn der Richter hat nicht auf Bestätigung oder Aufhebung des Reklamationsbescheides zu erkennen, sondern über die Rechtmäßigkeit der Heranziehung oder Veranlagung zu entscheiden. E. V. 55, 105. Selbstredend darf der Kreisausschuß hierbei von seiner eigenen Veranlagung, wie sie vielleicht erst in dem Reklamationsbescheide klargestellt ist, nicht wieder abgehen; wäre z. B. die Einkommensquelle bei der Steuerforderung

nicht angegeben, hätte dagegen im Reklamationsbescheide Erwähnung gefunden, so würde der Kreisausschuß die Veranlagung demnächst nicht darauf stützen können, daß der Pflichtige das veranschlagte Einkommen aus einer anderen Quelle beziehe; dies wäre eine Nachforderung wegen Uebergehens einer Steuerquelle. E. Calbe 26. Juni 1879.

Dem Pflichtigen kann übrigens nach einer anderen Richtung hin ein Nachtheil daraus erwachsen, wenn er es unterläßt, seinen Widerspruch von vorn herein gehörig zu begründen. Wenigstens ist vom O.V.G. ein Zensit, obgleich er siegte, in die Prozeßkosten verurtheilt, weil er einen Grund für seine Freilassung, welcher dem Kreisausschusse bei der Veranlagung nicht wohl bekannt sein konnte, erst im Laufe des Streitverfahrens (in der Berufungsinstanz) angeführt hatte und der Kreisausschuß hierdurch zur sofortigen Zurücknahme der Forderung veranlaßt war. E. Dramburg 12. Januar 1882.

5. Für das Streitverfahren sind in Folge der Novelle gegenwärtig auch die Schranken weggefallen, welche bisher durch den §. 79 Tit. 14 Th. II A.L.R. bez. durch die §§. 9 u. 10 des Gesetzes über die Erweiterung des Rechtsweges vom 24. Mai 1861 der verwaltungsrichterlichen Thätigkeit gezogen waren und welche namentlich in Verbindung mit §. 4 des Zuständigkeitsgesetzes vom 26. Juli 1876 für die Berufungsinstanz eine Entscheidung über die in jenen Gesetzesvorschriften dem Rechtswege überwiesenen Streitigkeiten ausschließen konnten. Die Verwaltungsgerichte haben jetzt über die aus der Kreisabgabenpflicht entspringenden Streitigkeiten in dem vollen Umfange zu befinden, wie er sich aus der voraufgehenden Darstellung als ihr Gebiet ergiebt; die frühere Zuständigkeit der Zivilgerichte ist dagegen

erloschen (§. 13 des deutschen Gerichtsverfassungsgesetzes v. 23. Januar 1877 R.G.Bl. S. 41).

6. Mit der Klage kann auch die Erstattung der zu Unrecht bezahlten Abgabenbeträge gefordert werden; es war dies auch schon vor der soeben berührten Erweiterung der verwaltungsrichterlichen Thätigkeit geltenden Rechtens. E. I. 63, 80; III. 2; VI. 1; VIII. 18.

7. Einspruch und Klage haben keine aufschiebende Wirkung. Hiermit wird der bei allen direkten Steuern und ähnlichen öffentlichen Abgaben zur Anwendung kommende Grundsatz, daß der Pflichtige den geforderten Betrag zu den bestimmten Terminen einstweilen entrichten muß, auch für Kreisabgaben anerkannt.

Daraus folgt Zweierlei. Einmal fallen die Kosten, welche aus einer inzwischen erforderlich gewordenen Beitreibung erwachsen, immer dem Pflichtigen zur Last; denn wenn er auch mit seiner Klage schließlich durchdringt, hat er die Zahlung doch widerrechtlich unterlassen. E. VI. 135. — Zweitens ist ein Anspruch auf Verzugszinsen für die geleisteten Beträge niemals, auch in der Form sogenannter Prozeßzinsen nicht, begründet; denn derselbe setzt eine Säumniß des zur Erstattung Verpflichteten, hier des Kreisausschusses, voraus und daran fehlt es, weil mit dem Rechte des Kreisausschusses, vorläufige Zahlung zu verlangen, eine Verpflichtung, die betr. Summe vor rechtskräftiger Entscheidung zurückzuzahlen, unvereinbar ist. E. VIII. 22.

Anhang.

Auszug aus der Kreisordnung vom $\frac{\text{13. Dezember 1872.}}{\text{19. März 1881.}}$

§. 6.

Angehörige des Kreises sind, mit Ausnahme der nicht angesessenen servisberechtigten Militairpersonen des aktiven Dienststandes, alle diejenigen, welche innerhalb des Kreises einen Wohnsitz haben.

§. 9.

b) Beitragspflicht zu den Kreisabgaben.

Die Kreisangehörigen sind verpflichtet, zur Befriedigung der Bedürfnisse des Kreises Abgaben aufzubringen, insofern der Kreistag nicht beschließt, diese Bedürfnisse aus dem Vermögen des Kreises oder aus sonstigen Einnahmen zu bestreiten (§. 116 Nr. 3).

§. 10.

Grundsätze über die Vertheilung und Aufbringung der Kreisabgaben.

Die Vertheilung der Kreisabgaben darf nach keinem anderen Maßstabe, als nach dem Verhältnisse der von den Kreisangehörigen zu entrichtenden direkten Staatssteuern und zwar nur durch Zuschläge zu denselben, bezw. zu den nach

§§. 14 und 15 zu ermittelnden fingirten Steuersätzen der Forensen, juristischen Personen rc. erfolgen.

Die Grund-, Gebäude- und die von dem Gewerbebetriebe auf dem platten Lande aufkommende Gewerbesteuer der Klasse A. I. ist hierbei mindestens mit der Hälfte und höchstens mit dem vollen Betrage desjenigen Prozentsatzes heranzuziehen, mit welchem die Klassen- und klassifizirte Einkommensteuer belastet wird. Im Uebrigen kann die Gewerbesteuer von der Heranziehung ganz freigelassen, darf aber keinesfalls dazu mit einem höheren Prozentsatze, als die Grund- und Gebäudesteuer herangezogen werden. Ausgeschlossen von der Heranziehung bleibt die Gewerbesteuer vom Hausirgewerbe.

Die erste Stufe der Klassensteuer (§. 7 des Gesetzes vom $\frac{\text{1. Mai 1851}}{\text{25. Mai 1873}}$, Gesetz-Sammlung 1873, Seite 213 ff.) kann von der Heranziehung zu den Kreisabgaben ganz freigelassen oder dazu mit einem geringeren Prozentsatze, als die übrigen Stufen der Klassensteuer und die klassifizirte Einkommensteuer herangezogen werden. Bei den Vorschriften des §. 9a des oben erwähnten Gesetzes[1]) behält es sein Bewenden.

§. 11.

Unter Anwendung des nach diesen Grundsätzen (§. 10) vom Kreistage beschlossenen Vertheilungsmaßstabes wird das

---

[1]) §. 9a. Zu den nach dem Klassensteuerfuße aufzubringenden Lasten der kommunalen und anderen öffentlichen Verbände können in Ermangelung sonstiger Befreiungsgründe auch diejenigen Personen herangezogen werden, deren Einkommen weniger als 420 M. beträgt, und welche nicht im Wege der öffentlichen Armenpflege eine fortlaufende Unterstützung erhalten. Die Veranlagung dieser Steuerpflichtigen erfolgt nach einem für Haushaltungen wie für Einzelsteuernde geltenden fingirten Klassensteuersatze von 1,50 M. jährlich.

Kreisabgabensoll für die einzelnen Gemeinden und selbständigen Gutsbezirke im Ganzen berechnet und denselben zur Untervertheilung auf die einzelnen Steuerpflichtigen nach demselben Maßstabe, zur Einziehung, sowie zur Abführung im Ganzen an die Kreiskommunalkasse überwiesen.

Den Städten bleibt die Beschlußnahme darüber, wie ihre Antheile an den Kreisabgaben aufgebracht werden sollen, vorbehalten.

§. 12.

Feststellung des Kreisabgaben-Vertheilungsmaßstabes.

Der Maßstab, nach welchem die Kreisabgaben zu vertheilen sind, ist für jeden Kreis bis zum 30. Juni 1874 ein für alle Mal festzustellen und demnächst unverändert zur Anwendung zu bringen. Der Kreistag ist jedoch befugt, hierbei zu den Kreisabgaben für Verkehrsanlagen die Grund- und Gebäudesteuer, sowie die von dem Gewerbebetriebe auf dem platten Lande aufkommende Gewerbesteuer der Klasse A. I. innerhalb der im §. 10 festgesetzten Grenzen mit einem höheren Prozentsatze als zu den übrigen Kreisabgaben heranzuziehen, beziehungsweise nach Maßgabe des §. 10 Absatz 3 die erste Stufe der Klassensteuer von der Heranziehung zu diesen Kreisabgaben ganz freizulassen oder dazu mit einem geringeren Prozentsatze heranzuziehen.

Kommt ein gültiger Kreistagsbeschluß über den Vertheilungsmaßstab innerhalb der festgesetzten Zeit nicht zu Stande, so werden bis zur Herbeiführung dieses Beschlusses die Kreisabgaben auf die sämmtlichen direkten Staatssteuern, mit Ausschluß der Hausirergewerbesteuer, nach Maßgabe des §. 10 Absatz 1 gleichmäßig vertheilt.

Der Kreistag kann den festgestellten Maßstab von fünf zu fünf Jahren einer Revision unterziehen.

Wo gegenwärtig mit Königlicher Genehmigung zu bestimmten Zwecken Kreisabgaben nach besonderer Vertheilungsart erhoben werden, behält es dabei bis zum 31. Dezember 1875 sein Bewenden, sofern nicht der Kreistag schon in der Zwischenzeit auch hierfür den Uebergang zu dem, nach dem gegenwärtigen Gesetze festgestellten Maßstabe für die Vertheilung der Kreisabgaben beschließt. Vom 1. Januar 1876 ab tritt der nach diesem Gesetze festzustellende Maßstab (Absatz 1 und 2) auch für die bezeichneten Abgaben von selbst in Kraft.

§. 13.

Mehr- oder Minderbelastung einzelner Kreistheile.

Sofern es sich um Kreiseinrichtungen handelt, welche in besonders hervorragendem oder in besonders geringem Maße einzelnen Kreistheilen zu Gute kommen, kann der Kreistag beschließen, für die Kreisangehörigen dieser Kreistheile eine nach Quoten der Kreisabgaben zu bemessende Mehr- oder Minderbelastung eintreten zu lassen. Die Mehrbelastung kann nach Maßgabe der Beschlüsse des Kreistags durch Naturalleistungen ersetzt werden.

§. 14.

Heranziehung der Forensen, juristischen Personen u. s. w. zu den Kreisabgaben.

Diejenigen physischen Personen, welche, ohne in dem Kreise einen Wohnsitz zu haben, beziehungsweise in demselben zu den persönlichen Staatssteuern veranlagt zu sein, in demselben Grundeigenthum besitzen, oder ein stehendes Gewerbe, oder außerhalb einer Gewerkschaft Bergbau betreiben

(Forensen), mit Einschluß der nicht im Kreise wohnenden Gesellschafter einer offenen Handelsgesellschaft oder einer Kommanditgesellschaft (Art. 85 und 150 des Allgemeinen Deutschen Handelsgesetzbuches)[1]), sind verpflichtet, zu denjenigen Kreisabgaben beizutragen, welche auf den Grundbesitz, das Gewerbe, den Bergbau oder das aus diesen Quellen fließende Einkommen gelegt werden.

Ein Gleiches gilt von den juristischen Personen, von den Kommandit-Gesellschaften auf Aktien und Aktien-Gesellschaften (Art. 173 und 207 des Handelsgesetzbuches)[2]), sowie Berg-

---

[1]) Art. 85. Eine offene Handelsgesellschaft ist vorhanden, wenn zwei oder mehrere Personen ein Handelsgewerbe unter gemeinschaftlicher Firma betreiben und bei keinem der Gesellschafter die Betheiligung auf Vermögenseinlagen beschränkt ist.

Art. 150. Eine Kommanditgesellschaft ist vorhanden, wenn bei einem unter einer gemeinschaftlichen Firma betriebenen Handelsgewerbe ein oder mehrere Gesellschafter sich nur mit Vermögenseinlagen betheiligen (Kommanditisten), während bei einem oder mehreren anderen Gesellschaftern die Betheiligung nicht in dieser Weise beschränkt ist (persönlich haftende Gesellschafter).

Sind mehrere persönlich haftende Gesellschafter vorhanden, so ist in Ansehung ihrer die Gesellschaft zugleich eine offene Gesellschaft.

Zur Gültigkeit des Gesellschaftsvertrages bedarf es der schriftlichen Abfassung nicht.

[2]) Art. 173. Das Kapital der Kommanditisten kann in Aktien oder Aktienantheile zerlegt werden.

Die Aktien oder Aktienantheile müssen auf Namen lauten. Sie müssen auf einen Betrag von mindestens funfzig Vereinsthalern gestellt werden, wenn nicht die Landesgesetze nach Maßgabe der besonderen örtlichen Bedürfnisse einen geringeren Betrag gestatten. Aktien oder Aktienantheile, welche auf Inhaber lauten, oder welche auf einen geringeren als den gesetzlich bestimmten Betrag gestellt werden, sind nichtig. Die Ausgeber solcher Aktien oder Aktienantheile sind den Besitzern für allen durch die Ausgabe verursachten Schaden solidarisch verhaftet.

gewerkschaften, welche im Kreise Grundeigenthum besitzen oder ein stehendes Gewerbe oder Bergbau betreiben.

Der Fiskus kann zu den Kreisabgaben wegen seines aus Grundbesitz, Gewerbe- und Bergbaubetrieb fließenden Einkommens nicht herangezogen, dagegen mit der Grund- und Gebäudesteuer um die Hälfte desjenigen Prozentsatzes stärker belastet werden, mit welchem die Klassen- und klassifizirte Einkommensteuer dazu herangezogen wird. Im Falle des §. 12 (Absatz 2) tritt diese Belastung auch ohne Beschluß des Kreistages ein.

Bergwerksbesitzer, welche in dem Umfange ihres Bergwerksbetriebes den in der Klasse A. I. der Gewerbesteuer veranlagten Gewerbetreibenden gleichstehen, sind zu den Steuersätzen der Klasse A. I. einzuschätzen und nach Maßgabe dieser Einschätzung zu den Kreisabgaben heranzuziehen.

§. 15.

Die Einschätzung der Forensen, der Bergwerksbesitzer, der Kommanditgesellschaften auf Aktien, der Aktiengesellschaften und der juristischen Personen zu den Kreisabgaben erfolgt, soweit sie zu den, der Vertheilung der letzteren zum Grunde gelegten Staatssteuern (§. 10) nicht schon unmittelbar herangezogen sind, von dem Kreisausschuß, nach den für die Ver-

---

Die vorstehenden Bestimmungen gelten auch von Promessen und Interimsscheinen.

Art. 207. Eine Gesellschaft ist eine Aktiengesellschaft, wenn sich die sämmtlichen Gesellschafter nur mit Einlagen betheiligen, ohne persönlich für die Verbindlichkeiten der Gesellschafter zu haften. — Das Gesellschaftskapital wird in Aktien oder auch in Aktienantheile zerlegt. — Die Aktien oder Aktienantheile sind untheilbar. — Dieselben können auf Inhaber oder auf Namen lauten.

anlagung dieser Staatssteuern bestehenden gesetzlichen Vorschriften, unter Anwendung des für die Kreisabgaben bestimmten Antheilsverhältnisses.

§. 16.

Unzulässigkeit einer Doppelbesteuerung desselben Einkommens.

Niemand darf von demselben Einkommen in verschiedenen Kreisen zu den Kreisabgaben herangezogen werden. Es muß daher dasjenige Einkommen, welches einem Abgabenpflichtigen aus seinem außerhalb des Kreises belegenen Grundeigenthume, oder aus seinem außerhalb des Kreises stattfindenden Gewerbe- oder Bergbaubetriebe zufließt, bei Feststellung des im Kreise zu veranlagenden Einkommens desselben außer Berechnung gelassen werden. Dies geschieht durch Absetzung der bezüglichen Einkommensquote von dem zur Staatssteuer veranlagten Gesammteinkommen und durch verhältnißmäßige Herabsetzung des festgestellten Steuersatzes.

§. 17.

Befreiung von den Kreisabgaben.

Die dem Staate gehörigen, zu einem öffentlichen Dienste oder Gebrauche bestimmten Liegenschaften und Gebäude, die Königlichen Schlösser, sowie die im §. 4 zu c) und d) des Gesetzes vom 21. Mai 1861, betreffend die anderweite Regelung der Grundsteuer (G.S. S. 253)[1]), im Artikel I

---

[1]) §. 4. Befreit von der Grundsteuer (§. 3) bleiben:

c) die den Provinzen, den kommunalständischen Verbänden, den Kreisen, den Gemeinden oder zu selbständigen Gutsbezirken gehörenden Grundstücke, insofern sie zu einem öffentlichen Dienste oder Gebrauche bestimmt sind, insonderheit also: Gassen, Plätze,

des Gesetzes vom 12. März 1877 (G.S. S. 19)[1]) und im §. 3 zu 2 bis 6 des Gesetzes vom 21. Mai 1861, betreffend die Einführung einer allgemeinen Gebäudesteuer (G.S. S. 317)[2])

Brücken, Fahr- und Fußwege, Leinpfade, Bäche, Brunnen, schiffbare Kanäle, Häfen, Werfte, Ablagen, Kirchhöfe, Begräbnißplätze, Spaziergänge, Lust- und botanische Gärten, sowie lediglich zur Bepflanzung öffentlicher Plätze, Straßen und Anlagen bestimmte Baumschulen;

d) Brücken, Kunststraßen, Schienenwege der Eisenbahnen und schiffbare Kanäle, welche mit Genehmigung des Staats von Privatpersonen oder Aktiengesellschaften zum öffentlichen Gebrauche angelegt sind.

[1]) Den nach §. 4 Litt. c. des Gesetzes vom 21. Mai 1861 betreffend die anderweitige Regelung der Grundsteuer (G.S. S. 253), und nach §. 4b. des Herzoglich Lauenburgischen Gesetzes vom 20. Februar 1875 rc. von der Grundsteuer befreiten Grundstücken sind auch die Deichanlagen der Deichverbände und die im öffentlichen Interesse staatlich unter Schau gestellten Privatdeiche beizuzählen.

[2]) §. 3. Befreit von der Gebäudesteuer sind:

2. diejenigen Gebäude, welche dem Staate, den Provinzen, den kommunalständischen Verbänden, den Kreisen oder den Gemeinden resp. zu selbständigen Gutsbezirken gehören, insofern sie zu einem öffentlichen Dienst oder Gebrauch bestimmt sind, insonderheit also die zum Gebrauche öffentlicher Behörden oder zu Dienstwohnungen für Beamte bestimmten Gebäude, als: Militär-, Regierungs-, Justiz-, Polizei-, Steuer- und Postverwaltungsgebäude, Kreis- und Gemeindehäuser, sowie Bibliotheken und Museen;

3. Universitäts- und andere zum öffentlichen Unterrichte bestimmte Gebäude;

4. Kirchen, Kapellen und andere, dem öffentlichen Gottesdienste gewidmete Gebäude, sowie die gottesdienstlichen Gebäude der mit Korporationsrechten versehenen Religionsgesellschaften;

5. die Diensthäuser der Erzbischöfe, der Bischöfe, der Dom- und Kurat- oder Pfarrgeistlichen und sonstiger mit geistlichen Funktionen bekleideter Personen der mit Korporationsrechten versehenen Religionsgesellschaften, ferner der Gymnasial-, Seminar- und Schullehrer, der Küster und anderer Diener des öffentlichen Cultus;

bezeichneten Grundstücke und Gebäude sind von den Kreislasten befreit.

§. 18.

Bis zur anderweiten gesetzlichen Regelung bleiben die Dienstgrundstücke der Geistlichen, Kirchendiener und Elementarschullehrer gleichfalls von den Kreislasten befreit. Auch ist bis zu dieser Regelung die Besteuerung des Diensteinkommens der unmittelbaren und mittelbaren Staatsbeamten nur nach Maßgabe der §§. 2 u. 3 des Gesetzes vom 11. Juli 1822 (G. S. S. 184)[1]) und nur insoweit zulässig, als die Beiträge

---

6. Armen-, Waisen- und Krankenhäuser, Besserungs-, Aufbewahrungs- und Gefängnißanstalten, sowie Gebäude, welche milden Stiftungen angehören und für deren Zwecke unmittelbar benutzt werden.

[1]) §. 1. Das Diensteinkommen der Beamten kann von den Gemeinen, zu welchen dieselben gehören, überhaupt nur dann besteuert werden, wenn auch der Beitrag der übrigen Einwohner des Orts in der Form einer allgemeinen Einkommensteuer erhoben wird.

§. 2. Das Diensteinkommen soll bei einer solchen Beschatzung fortan im Uebrigen zwar wie das Einkommen der Bürger behandelt, darf aber, weil es einerseits seinem ganzen Dasein nach von dem Leben, der Gesundheit und anderen zufälligen Verhältnissen der Person abhängig, und andererseits seinem ganzen Betrage nach, bestimmt ist, und dadurch auf der einen Seite gegen Grund- und Kapital-Einkommen, und auf der anderen gegen Gewerbseinkommen im Nachtheil steht, immer nur mit einem Theile seines Betrages zur Quotisirung gebracht werden, welcher hierdurch auf die Hälfte bestimmt wird.

§. 3. Da auch dem Staate daran liegen muß, daß den Beamten, welche als solche ihr Einkommen durch die den übrigen Einwohnern vermittelst des städtischen Vereins dargebotene Gelegenheit zum Erwerb nicht vermehren können, ihr Unterhalt unter keinerlei Umständen zu sehr geschmälert werde; so verbleibt es bei der Bestimmung, daß im äußersten Fall an direkten Beiträgen aller Art, und zu sämmtlichen Gemeinebedürfnissen bei Gehalten

derselben zu den Bedürfnissen der Gemeinde ihres Wohnortes nicht bereits das in den gedachten Gesetzesvorschriften

---

unter zwei Hundert und Fünfzig Thalern nicht mehr als Ein Prozent, bei Gehalten von zwei Hundert und Fünfzig Thalern bis zu Fünf Hundert Thalern ausschließlich nicht mehr als Anderthalb Prozent, und bei höheren Gehalten nicht mehr als Zwei Prozent des gesammten Diensteinkommens gefordert werden können.

§. 4. Zu den sämmtlichen Gemeinebedürfnissen in diesem Sinne sind zwar, wie sich von selbst versteht, die Staatssteuern und Staatslasten, welche gemeineweise erhoben und abgetragen werden, nicht zu zählen; die Beiträge der Gemeinen zu provinziellen Institutionen und zur Abwickelung sowohl der Provinzial- und Kreis- als ihrer besonderen Kriegs- und anderen Schulden, Rückstände und Verpflichtungen, sind aber darunter mitbegriffen. Es darf auch derentwegen bei Besteuerung der Gehalte der Staatsbeamten über das vorbestimmte Maximum nicht hinausgegangen werden.

§. 5. Das Diensteinkommen von zufälligen Emolumenten wird gleich den fixen Gehalten besteuert. Zu diesem Behuf bestimmt den Betrag derselben nach einer runden Summe die dem steuerpflichtigen Beamten vorgesetzte Behörde.

§. 6. Nach diesen Grundsätzen haben die steuerpflichtigen Individuen alle diejenigen Gemeinesteuerbeiträge zu leisten, welche innerhalb der Zeit, da sie der Gemeine angehören, auf dieselben vertheilt, und zugleich fällig werden, wenn auch das Bedürfniß vor ihrem Eintritte entstanden ist. Dagegen werden sie, wenn sie die Stadt verlassen, auch von jeder ferneren Beitragsverbindlichkeit völlig befreiet.

§. 7. Von ihrem etwanigen besonderen Vermögen und anderen Einkommen haben auch die Staatsbeamten ihre Beiträge zu den Gemeindelasten ihres Wohnorts gleich anderen Bürgern oder Schutzverwandten, je nachdem sie das eine oder das andere sind, zu entrichten.

§. 8. Alles Vorstehende gilt nur von Unseren besoldeten unmittelbaren Staatsdienern, wohin also städtische Beamte, die von den Städten besoldeten Polizeibeamten mit eingeschlossen, landschaftliche, Wittwenkassen- und andere Sozietätsbeamte, Justiz-Kommissarien und Notarien, Justitiarien bei Patrimonial-Ge-

bestimmte Maximum erreichen, und auch dann nur innerhalb der Grenzen der letzteren. Ebenso findet der §. 10 des Gesetzes vom 11. Juli 1822 auf die Heranziehung zu den Kreisabgaben Anwendung.

---

richten, Aerzte, Künstler und dergleichen nicht zu zählen sind. Jeder Staatsbeamter aber, welcher einer Behörde angehört, und bei derselben seinen beständigen Wohnsitz haben muß, ist unter allen Umständen als ein Einwohner derjenigen Stadt zu betrachten, in welcher diese Behörde ihren Sitz hat.

§. 9. Civil- und Militärbeamte, nicht minder sämmtliche Empfänger von Wartegeldern und Pensionen, werden zwar übrigens nach gleichen Grundsätzen behandelt.

§. 10. Jedoch bleiben von allen direkten Beiträgen zu den Gemeinelasten befreit:

a) die aus Staatskassen zahlbaren Pensionen der Wittwen und die Erziehungsgelder für Waisen ehemaliger Staatsdiener;

b) eben dergleichen Pensionen, imgleichen Wartegelder der Staatsdiener selbst, sofern deren jährlicher Betrag die Summe von Zweihundert und Fünfzig Thalern nicht erreicht;

c) die Sterbe- und Gnadenmonate;

d) alle diejenigen Dienst-Emolumente, welche blos als Ersatz baarer Auslagen zu betrachten sind;

e) alle Besoldungen und Emolumente der beim stehenden Heer und bei den Landwehrstämmen in Reih und Glied befindlichen aktiven Militärpersonen, imgleichen der auf Inaktivitätsgehalt gesetzten Offiziere; und

f) diejenigen der Geistlichen und Schullehrer.

§. 11. Auch werden außerordentliche und einstweilige Gehülfen in den Bureaux der Staatsbehörden in Hinsicht der Gemeinelasten den Staatsdienern nicht gleich, und als solche überhaupt nicht für Einwohner des Orts geachtet, sondern nur, wenn sie anderweitig ihren Wohnsitz im rechtlichen Sinne am Orte haben, gleich anderen Bürgern oder Schutzverwandten behandelt, je nachdem sie zu der einen oder anderen Klasse gehören.

§. 12. Zu den indirekten Gemeineabgaben muß aber ein Jeder, und auch die von den direkten Gemeinebeiträgen befreiten Personen, beitragen. Auch sind die Staatsdiener nicht berechtigt, dasjenige, was sie hierauf entrichten, bei den direkten Beiträgen von den Besoldungen in Anrechnung zu bringen.

§. 19.

Beschwerden wegen der Veranlagung der Kreisabgaben.

Auf Beschwerden und Einsprüche, betreffend:
1. das Recht zur Mitbenutzung der öffentlichen Einrichtungen und Anstalten des Kreises,
2. die Heranziehung oder die Veranlagung zu den Kreisabgaben,

beschließt der Kreisausschuß.

Beschwerden und Einsprüche der zu 2 gedachten Art sind innerhalb einer Frist von zwei Monaten nach erfolgter Bekanntmachung der Abgabebeträge bei dem Kreisausschusse anzubringen. Einsprüche gegen die Höhe von Kreiszuschlägen zu den direkten Staatssteuern, welche sich gegen den Prinzipalsatz der letzteren richten, sind unzulässig.

Gegen den Beschluß des Kreisausschusses findet innerhalb zwei Wochen die Klage bei dem Bezirksverwaltungsgerichte statt. Hierbei ist die Zuständigkeit der Verwaltungsgerichte auch insoweit begründet, als bisher durch §. 79 Titel 14 Theil II. Allgemeinen Landrechts[1]), beziehungsweise §§. 9, 10 des Gesetzes über die Erweiterung des Rechtsweges vom

---

§. 13. Die gegenwärtigen Bestimmungen gelten zunächst nur für diejenigen Städte, woselbst die Städte-Ordnung vom 19. November 1808 eingeführt ist. In den übrigen Städten bleiben die jeden Orts bisher bestandenen gesetzlichen Vorschriften wegen Erhebung der Gemeinesteuern in Kraft; wo aber solche zweifelhaft sind oder Lücken haben, sind dieselben dergestalt, wie sie den gegenwärtigen Bestimmungen am nächsten kommen, beziehungsweise zu deuten und zu ergänzen.

[1]) Behauptet aber Jemand aus besonderen Gründen die Befreiung von einer solchen Abgabe (§§. 4—8) oder behauptet er in der Bestimmung seines Antheils über die Gebühr belastet zu sein (§. 9), so soll er darüber rechtlich gehört werden.

24. Mai 1861 (G. S. S. 241)[1]) oder sonstige bestehende Vorschriften der ordentliche Rechtsweg für zulässig erklärt war.

Die Beschwerden und die Einsprüche, sowie die Klage haben keine aufschiebende Wirkung.

---

[1]) §. 9. Wegen allgemeiner Anlagen und Abgaben (§§. 36, 41 der Verordnung vom 26. Dezember 1808, G. S. 1817 S. 283, §§. 78, 79 Theil II. Titel 14 A. L. R.) kann auf Grund der Behauptung, daß die einzelne Forderung bereits früher getilgt oder verjährt sei, die Klage auf Erstattung des Gezahlten angestellt werden, jedoch bei Verlust des Klagerechtes nur binnen spätestens sechs Monaten nach erfolgter Beitreibung oder geleisteter Zahlung.

§. 10. Der Rechtsweg findet ferner statt, wenn der Herangezogene behauptet, daß die geforderte Abgabe keine öffentliche Abgabe sei, sondern auf einem aufgehobenen privatrechtlichen Fundamente, insbesondere einem früheren gutsherrlichen, schutzherrlichen oder grundherrlichen Verhältnisse beruhe.

Register.

Buchdruckerei von Gustav Schade (Otto Francke) in Berlin N.

MIX
Papier | Fördert gute Waldnutzung
FSC® C083411

Kolibri 360 GmbH
Ferdinand-Jühlke-Straße 7
99095 Erfurt, Deutschland
produktsicherheit@kolibri360.de